NAPOLEON HILL

A FILOSOFIA DO SUCESSO

AS **17** LIÇÕES ORIGINAIS DE NAPOLEON HILL

Título original: *Napoleon Hill's Philosophy of Success*

Copyright © 2021 by The Napoleon Hill Foundation

A Filosofia do Sucesso
1ª edição: Julho 2023

Direitos reservados desta edição: CDG Edições e Publicações

O conteúdo desta obra é de total responsabilidade dos autores e não reflete necessariamente a opinião da editora.

Autor:
Napoleon Hill
Fundação Napoleon Hill

Tradução:
Caroline Schaefer

Preparação de texto:
Flavia Araujo

Revisão:
3GB Consulting
Lays Sabonaro

Projeto gráfico:
Anna Yue

Capa:
Jéssica Wendy

DADOS INTERNACIONAIS DE CATALOGAÇÃO NA PUBLICAÇÃO (CIP)

Hill, Napoleon.
    A filosofia do sucesso : as 17 lições originais de Napoleon Hill / Napoleon Hill ; tradução de Caroline Schaefer. — Porto Alegre : Citadel, 2023.
    224 p.

ISBN 978-65-5047-240-5
Título original: Napoleon Hill's Philosophy of Success

1. Autoajuda 2. Desenvolvimento pessoal 3. Sucesso I. Título II. Schaefer, Caroline

23-3575   CDD - 158.1

Angélica Ilacqua - Bibliotecária - CRB-8/7057

Produção editorial e distribuição:

contato@citadel.com.br
www.citadeleditora.com.br

NAPOLEON HILL

A FILOSOFIA DO SUCESSO

AS **17** LIÇÕES ORIGINAIS DE NAPOLEON HILL

Tradução:
Caroline Schaefer

2023

Sumário

1. Definição de propósito 9
2. A aliança de MasterMind 19
3. O significado da fé 28
4. As trinta características de uma
   personalidade agradável 38
5. Andando uma milha a mais 48
6. Iniciativa pessoal 58
7. Autodisciplina 68
8. Atenção controlada 77
9. Entusiasmo 84
10. Imaginação 93
11. Aprendendo com a adversidade e a derrota 101
12. Orçando tempo e dinheiro 112
13. Uma atitude mental positiva 121
14. Pensamento preciso 131
15. Boa saúde física 141
16. Cooperação 150
17. Força cósmica do hábito 160

Quando o sucesso acontece?, por Jamil Albuquerque .. 173

Os 17 princípios do sucesso de Napoleon Hill

1. Definição de propósito
2. Uma aliança de MasterMind
3. Fé aplicada
4. Andar uma milha a mais
5. Uma personalidade agradável
6. Iniciativa pessoal
7. Uma atitude mental positiva
8. Entusiasmo
9. Autodisciplina
10. Pensamento preciso
11. Atenção controlada
12. Construindo o trabalho em equipe
13. Aprendendo com a adversidade e a derrota
14. Visão criativa
15. Boa saúde
16. Orçando tempo e dinheiro
17. Estabelecendo hábitos positivos

1

Definição de propósito

A definição de propósito é o ponto de partida para qualquer conquista. É o obstáculo para noventa e oito em cada cem pessoas, porque elas nunca definem realmente seus objetivos ou começam a buscá-los com definição de propósito.

Pense bem: 98% das pessoas do mundo estão à deriva, vagando sem rumo pela vida, sem a menor ideia do trabalho para o qual realmente são aptas, e sem nenhuma concepção sequer da necessidade de ter um objetivo definido pelo qual lutar. Essa é uma das maiores tragédias da civilização. Espero que você decida que, a partir de hoje, não se contentará com nada menos do que aquilo que deseja. E quando digo que você não precisa se contentar com nada menos do que aquilo que você deseja, acredite, não estou apenas usando palavras vãs. Faço essa afirmação a partir da minha observação de milhares de pessoas durante mais de cinquenta anos.

Neste ponto quero discutir ideias, pois, embora as ideias sejam o único ativo que não têm valor fixo, elas são o começo de todas as conquistas. Este livro foi organizado com o propósito de induzir um fluxo de ideias em sua mente. Seu propósito é apresentá-lo ao seu outro eu: o eu que tem uma visão de seus poderes espirituais inatos e não aceitará nem reconhecerá o fracasso, mas despertará sua determinação de ir adiante e reivindicar o que é seu por direito.

As ideias formam a base de todas as fortunas e são o ponto de partida de todas as invenções. Ideias conquistaram o ar acima de nós e as águas que nos rodeiam. Elas nos permitiram aproveitar e usar a energia conhecida como éter, com a qual uma mente pode se comunicar com outra por meio de telepatia. Não pode haver a evolução de qualquer ideia sem um ponto de partida na forma da definição de um propósito. Portanto, esse princípio assume a primeira posição na filosofia da realização pessoal.

Existem grandes ideias por trás da definição de propósito. Alguns aspectos que entram no assunto podem ser classificados como mentais; outros podem ser classificados como econômicos. Irei analisar cada um desses fatores para que você tenha uma compreensão completa e meticulosa deles e para que possa aproveitar ao máximo os benefícios desse grande princípio da realização pessoal. Há sete grandes ideias.

A primeira grande ideia é esta: *o ponto de partida de toda realização pessoal é a adoção de um objetivo principal definido e de um plano definido para a sua realização.* Assim que você decidir qual é o seu principal objetivo de vida, poderá desfrutar de algumas de suas vantagens. As vantagens vêm quase automaticamente.

A primeira vantagem – *definição de propósito* – desenvolve a) autoconfiança, b) iniciativa pessoal, c) imaginação, d) entusiasmo, e) autodisciplina e f) concentração de esforços. Tudo isso é necessário para o sucesso material.

A segunda vantagem é a *especialização*. A definição de propósito o encoraja a se especializar, e a especialização leva à perfeição. Você se tornará um especialista em sucesso. A definição de propósito magnetiza a mente de modo a atrair para você o conhecimento especializado necessário para o sucesso.

Terceira vantagem: *orçar tempo e dinheiro*. A definição de propósito irá levá-lo a orçar seu tempo e seu dinheiro, e a planejar todos os seus esforços do dia a dia, levando-o, assim, à realização de seu propósito principal definido.

Quarta vantagem: a definição de propósito *alerta a mente para oportunidades*. Dá a você coragem para agir. Deixa sua mente mais alerta para reconhecer oportunidades relacionadas ao seu objetivo principal e inspira a coragem necessária para agir quando as oportunidades aparecem.

Quinta vantagem: a definição de propósito desenvolve *a capacidade de tomar decisões com rapidez e firmeza*. Pessoas bem-sucedidas tomam decisões rapidamente, assim que os fatos são disponibilizados, e as alteram muito lentamente, quando o fazem. Pessoas malsucedidas tomam decisões muito lentamente e as mudam com muita frequência e rapidez.

Reflita sobre essa declaração novamente, escreva-a em um pedaço de papel e coloque-a em algum local visível, onde você poderá vê-la com frequência. Ela é, de fato, tão valiosa que, mesmo que você não obtenha nenhuma outra ideia deste livro, já terá recebido o retorno total do seu investimento.

A maneira para desenvolver a determinação é começar exatamente onde você está, com a próxima questão que você enfrentar. Tome uma decisão. Tome qualquer decisão. Qualquer decisão é melhor do que nenhuma. Comece a se decidir.

A sexta vantagem: a definição de propósito não apenas desenvolve confiança em sua própria integridade e caráter, mas *atrai a atenção favorável de outras pessoas e inspira a cooperação delas*. O homem que sabe aonde está indo e está determinado a chegar lá sempre encontra ajudantes dispostos ao longo do caminho.

Sétima vantagem: a definição de um propósito prepara a mente para a *fé*. O maior de todos os benefícios da definição de propósito é que ela abre caminho para o pleno exercício do estado de espírito conhecido como fé. Ela deixa a mente positiva e a liberta das limitações do medo, da dúvida, do desânimo, da indecisão e da procrastinação. A dúvida tem como resultado justificativas ou desculpas pelo fracasso. Lembre-se: o sucesso não requer explicação. A falha não permite justificativas.

Oitava vantagem: a definição de propósito *proporciona à pessoa a percepção de sucesso e a protege contra a influência da percepção de fracasso*. Sua mente se convence a alcançar o sucesso e se recusa a aceitar a possibilidade de fracasso.

A segunda grande ideia é esta: *todas as conquistas individuais são resultado de uma motivação ou de uma combinação de motivações*. As nove motivações básicas que inspiram toda ação voluntária são 1) o sentimento de amor; 2) o sexo; 3) o desejo por ganho material; 4) o desejo de autopreservação; 5) o desejo de liberdade do corpo e da mente; 6) o desejo de autoexpressão e reconhecimento; 7) o desejo de vida após a morte; 8) o desejo de acertar as contas; e 9) o medo.

Você descobrirá que, a menos que os seus propósitos maiores e menores estejam apoiados em um número adequado dessas motivações, você não estará realmente interessado em levar esses propósitos até uma conclusão bem-sucedida. Quanto mais motivações básicas positivas tiver, maior a probabilidade de entrar em contato com sua mente subconsciente e atrair o poder da Inteligência Infinita.

A primeira motivação é o *amor*. É a maior de todas as motivações. O amor é uma força psíquica relacionada ao lado espiritual dos homens. Quando falo de amor, refiro-me não apenas à atração física, mas também ao amor em seu sentido mais amplo e vasto. O amor é a maior e mais poderosa motivação conhecida.

Existem muitos tipos de amor. O amor por si mesmo é o que está em um nível mais baixo, pois implica em egoísmo. O amor à verdade ou aos princípios é o que está em um nível mais alto, pois se baseia na retidão. Há vários tipos de amor ao próximo: o dos pais pelos filhos e o dos filhos pelos pais; o das amizades; aquele que independe de idade, sexo ou relação social; e também o amor dos enamorados.

De um modo geral, podem existir três diferentes atitudes e expressões de amor: 1) o trabalho que é feito por amor. Um trabalho que você goste de fazer, que aflore o melhor dos seus esforços criativos. Ter uma ocupação que você ame é uma das doze grandes riquezas da vida. 2) Um amor de verdade ou princípio: o amor por um ideal que encontra expressão no desejo por iluminação espiritual e na busca contínua por mais conhecimento sobre as coisas como elas são. Uma pessoa motivada por esse tipo de amor tem verdadeira humildade de coração. 3) O amor de uma bela mulher ou de um belo homem: sua namorada ou namorado, sua esposa ou marido. Nesse tipo de amor há pelo menos três ingredientes básicos: a) atração física, b) resposta afetiva e c) companheirismo intelectual e espiritual.

É natural que uma pessoa aplique um esforço extraordinário e seus melhores talentos para agradar o objeto de sua afeição.

A segunda motivação é o *sexo*, que é o complemento físico do amor. A natureza aplica cuidadosamente o princípio da definição de propósito. Nenhum plano concebido poderia ser mais engenhoso do que aquele pelo qual a natureza garante a perpetuação da vida. O desejo de expressão física do instinto do acasalamento é a mais poderosa das emoções humanas. Sob esse impulso, os indivíduos desenvolvem imaginação, coragem e capacidade criativa que podem estar totalmente ausentes em outros momentos.

A emoção do sexo não pode estar totalmente submersa, mas pode ser sublimada e desviada de modo que se torne um irresistível poder para a ação por trás do propósito principal de um indivíduo.

Terceira motivação: *o desejo por ganho material*. Esse desejo é fundamental na natureza humana. Se você conseguir combinar essas três primeiras – a emoção do amor, a emoção do sexo e o desejo por riqueza material –, terá identificado as três emoções que fazem o mundo girar. Você pode ter certeza de que, se estiver motivado por essa combinação, não ficará entediado. Ficará muito mais ansioso para chegar ao trabalho do que para terminá-lo e ir embora, e não sentirá que seu trabalho é um fardo.

Neste ponto, quero dizer algo sobre dinheiro e outras formas de riqueza material. Muitas pessoas deixam que o medo da pobreza arruíne suas chances de desfrutar das outras riquezas da vida. O lado bom do dinheiro consiste no uso que se faz dele, não em sua mera posse. Aprendi que a verdadeira felicidade não se encontra na posse de coisas, mas no privilégio de poder se expressar por meio do uso de coisas materiais. Descobri na vida que você deve ter dinheiro, e tê-lo em abundância, para poder desfrutar a liberdade de corpo e mente. Uma pessoa não consegue ser realmente livre se estiver acorrentada a um trabalho rotineiro durante a maior parte de seu dia e receber em troca um valor que apenas garanta sua subsistência. Se uma pessoa tem que pagar isso por sua existência, ela está pagando um preço muito alto.

Meu objetivo é fazer com que as pessoas rompam com seus hábitos do passado – de aceitar as migalhas da mesa da vida – e ensinar uma maneira comprovada de se livrar das limitações autoimpostas e aproveitar ao máximo as riquezas da vida.

Quarta motivação: *o desejo de autopreservação*. Todos, é claro, são motivados nessa direção.

Quinta motivação: *o desejo de liberdade do corpo e da mente*. É algo básico dentro do coração de todos o desejo de ser livre e irrestrito. Pergunte a um homem qualquer que você conheça, e ele lhe responderá que algum dia será seu próprio patrão e ninguém lhe dirá o que fazer.

Sexta motivação: *o desejo de autoexpressão e reconhecimento*. Há um princípio bastante peculiar ligado a esse desejo: as coisas que você dá aos outros por meio da expressão são as únicas que você pode manter, lembrar ou guardar para si mesmo. Quaisquer pérolas de pensamento ou sabedoria que você fique preocupado em lembrar, você deve repetidamente dizer aos outros, ou elas escaparão de seu alcance em um momento crucial.

Estou sugerindo o compartilhamento dos princípios desta filosofia com os outros (não os detalhes de seu propósito ou de seus planos, esses você deve manter estritamente para si). Dar é uma forma de se expressar, e dar é viver. Ninguém jamais alcançou sucesso extraordinário sem a cooperação de outros, e, é claro, você deve dar algo em troca por essa cooperação. Aí reside a importância estratégica do desejo de autoexpressão e reconhecimento.

Sétima motivação: *vida após a morte*. Essa é uma motivação muito forte. O desejo de vida eterna está intimamente ligado ao desejo de autopreservação e é instintivo na natureza humana.

Oitava motivação: *o desejo de acertar as contas*. Embora o sentimento de se vingar de alguém seja elementar para os humanos, é uma lei primitiva da selva e um desperdício completo. Se você precisa acertar contas com alguém, acerte com aqueles que o ajudaram.

Nona motivação: a *emoção do medo*. Existem sete medos básicos, e todo ser humano já sofreu com um ou mais deles em algum momento. O medo pode afastá-lo de sua iniciativa pessoal e ajudar a mantê-lo na pobreza por toda a vida. Todos os medos básicos devem ser vencidos para que sua influência negativa seja eliminada.

Agora deixe-me apresentá-lo ao seu outro eu, àquele poder que existe dentro de você, que é só seu e para o qual você não precisa de ninguém além de si mesmo, o poder que você tem como indivíduo para entrar em contato com a Inteligência Infinita e solucionar seus problemas. É um poder tão grande que você pode conseguir o que quiser na vida usando-o. Não irei qualificá-lo: eu costumava dizer "dentro da razão", mas agora digo que tudo o que quiser na vida você é capaz de obter.

Estou muito feliz agora em chegar à parte do "como fazer" deste capítulo, em que lhe darei instruções detalhadas, passo a passo, sobre como aplicar esses princípios na realização de seus planos e propósitos.

1. Escreva um plano determinado, claro e conciso de como você pretende alcançar seu objetivo principal definido.

Indique o prazo máximo que você poderá ter para a realização do seu desejo. Divida o plano em etapas que estão na esfera da possibilidade e da probabilidade.

2. Descreva exatamente o que você pretende dar em troca pela realização do seu propósito.

3. Não existe nada de graça. Tudo tem um preço, e você deve estar disposto a saber o preço e pagá-lo integralmente antes de obter o objeto de seu desejo. Esse preço, normalmente, deve ser pago antecipadamente. É possível pagá-lo em prestações, mas o valor total deve ser pago antes que o objeto de seu desejo se torne realmente seu.

4. Torne seu plano flexível para que você possa fazer mudanças. Seu objetivo principal definido, se for realmente esse, não mudará até que seja cumprido, mas o plano para alcançar esse objetivo pode mudar muitas vezes. A Inteligência Infinita pode revelar a você um plano muito superior para o propósito que você sonhou. Esteja sempre pronto para receber, aceitar com alegria e gratidão e adotar de bom grado quaisquer planos melhores que surgirem, do nada, em sua mente.

5. Lembre-se de evocar seu propósito principal e seus planos para sua mente consciente com a maior frequência possível. Faça as refeições com eles, durma com eles, leve-os com você aonde for. Tenha em mente o fato de que, desse modo, seu subconsciente pode ser influenciado a trabalhar para alcançar seu objetivo principal enquanto você estiver dormindo. Mantenha sua mente nas coisas que deseja e longe das que não quer, até que seu objetivo principal se torne um desejo ardente.

Lembre-se: qualquer coisa que a mente possa conceber e acreditar, ela pode alcançar. Visualize vividamente em sua mente seu objetivo principal definido e seus outros desejos verdadeiros ou metas. Cada vez que você imaginar um objetivo, repita estas palavras dez vezes:

- *Eu me visualizo vividamente como a pessoa que quero ser e estou alcançando meus objetivos com entusiasmo.*
- *Eu me visualizo vividamente como a pessoa que quero ser e estou alcançando meus objetivos com entusiasmo.*
- *Eu me visualizo vividamente como a pessoa que quero ser e estou alcançando meus objetivos com entusiasmo.*
- *Eu me visualizo vividamente como a pessoa que quero ser e estou alcançando meus objetivos com entusiasmo.*
- *Eu me visualizo vividamente como a pessoa que quero ser e estou alcançando meus objetivos com entusiasmo.*
- *Eu me visualizo vividamente como a pessoa que quero ser e estou alcançando meus objetivos com entusiasmo.*
- *Eu me visualizo vividamente como a pessoa que quero ser e estou alcançando meus objetivos com entusiasmo.*
- *Eu me visualizo vividamente como a pessoa que quero ser e estou alcançando meus objetivos com entusiasmo.*
- *Eu me visualizo vividamente como a pessoa que quero ser e estou alcançando meus objetivos com entusiasmo.*
- *Eu me visualizo vividamente como a pessoa que quero ser e estou alcançando meus objetivos com entusiasmo.*

2

A aliança de MasterMind

O princípio do MasterMind torna possível que um indivíduo, por meio da associação com outros, adquira e utilize todo o conhecimento necessário para atingir qualquer objetivo desejado.

Para começar, o princípio do MasterMind consiste em uma aliança de duas ou mais mentes trabalhando em perfeita harmonia para alcançar um objetivo definido. Ninguém jamais alcançou sucesso extraordinário de qualquer tipo sem aplicar o princípio do MasterMind. Isso acontece porque nenhuma mente é completa por si mesma. Todas as mentes verdadeiramente brilhantes foram fortalecidas por meio de contatos com outras grandes mentes. Toda mente precisa de associação e contato com outras para crescer e se expandir.

Às vezes, esse fortalecimento ou amplificação ocorre acidentalmente, sem que o indivíduo perceba o que está acontecendo ou como está acontecendo. As maiores mentes, no entanto, são o resultado da compreensão e do uso cuidadoso do princípio do MasterMind, o que pode ser uma das razões pelas quais existem poucas mentes verdadeiramente brilhantes.

Vários princípios fundamentais estão ligados ao assunto. O primeiro é que o MasterMind é um meio prático pelo qual você pode se apropriar e usar todos os benefícios da experiência, do treinamento, da educação formal, do conhecimento especializado e da inteligência inata de outras pessoas como se fossem seus. É um privilégio maravilhoso, concorda? Você pode usar o conhecimento especializado de aliados como geólogos, químicos e outros cientistas, o conhecimento acumulado da humanidade e, claro, toda a filosofia da ciência da realização pessoal.

O segundo princípio é a harmonia. Uma aliança ativa, de duas ou mais mentes, em um espírito de perfeita harmonia para a realização de um objetivo comum, estimula cada mente a atingir um grau mais elevado de coragem do que o normalmente experimentado e abre caminho para o estado de espírito conhecido como *fé*. É necessário um completo encontro de mentes, sem restrições por parte de qualquer membro. É necessária a concordância nos fatos, concordância nas opiniões e uma união absoluta de interesses pelo objetivo definido. Cada membro da aliança deve subordinar suas próprias ambições pessoais para o cumprimento e a realização bem-sucedida do propósito definido pela aliança.

Esse tipo de harmonia não é alcançado imediatamente. Ele é cultivado e cresce com base nestes quatro elementos: 1) confiança, 2) compreensão, 3) imparcialidade e 4) justiça.

Confiança é segurança ou convicção baseada na fidelidade. O propósito da aliança nunca deve ser discutido fora do grupo, a menos que esse propósito seja a realização de algum serviço público.

Compreensão significa o conhecimento completo da natureza, do significado e das implicações de uma situação ou proposição, e ter uma atitude tolerante ou compreensiva em relação a ela. Cada membro da aliança deve estar em afinidade com o propósito definido assumido. Cada membro concorda com a ideia e concorda em dar total apoio a ela.

Imparcialidade indica a ausência de qualquer predileção, privilégio ou preconceito. Também se mostra livre de qualquer inclinação ou egoísmo.

Justiça implica que nenhum membro da aliança esteja buscando vantagem injusta ou propósito egoísta à custa dos outros membros.

Cada mente está apta para enviar e receber vibrações de pensamento. Esse processo de comunicação entre as mentes dos indivíduos circula por toda parte o tempo inteiro, embora eles raramente tenham consciência desse fato. Essa afirmação tem grande significado em conexão com os princípios do MasterMind. Foi provado conclusivamente que uma mente cujo estado de alerta foi aumentado por meio de uma aliança de MasterMind se torna muito mais receptiva aos pensamentos liberados por outras mentes do que seria em circunstâncias normais. Da mesma forma, a mente do indivíduo assim estimulado tem maior poder de projetar as vibrações do seu pensamento para as mentes dos outros.

Os blocos de construção da natureza estão disponíveis para o homem na forma de energia de pensamento. Quando duas ou mais mentes coordenam seus pensamentos em harmonia e trabalham na direção de um objetivo definido, elas se colocam em posição para absorver o poder diretamente do grande depósito universal da Inteligência Infinita. Essa é a maior de todas as fontes de poder.

Agora há uma consideração importante a ser feita: um homem com uma atitude negativa pode influenciar milhares de outros em uma organização sem nunca dizer uma palavra. O meio de contato é a telepatia. Sua mente está constantemente em sintonia com todas as outras mentes que estão ao seu alcance, seja qual for esse alcance. Algumas mentes têm um alcance muito maior do que outras. Você está constantemente captando os pensamentos de outras pessoas e muitas vezes confundindo-os com seus próprios pensamentos. É por isso que você não pode se dar ao luxo de permanecer em uma atmosfera negativa, a não ser que tenha uma técnica para proteger sua mente dessas transmissões negativas.

Tudo o que pedir aos membros de sua aliança de Master-Mind, para que façam por você, sua própria mente deve estar condicionada a fazer primeiro. Nunca, sob nenhuma circunstância, tente administrar um MasterMind enquanto estiver negativo. Afaste-se de seus aliados de MasterMind e mantenha-se assim até se tornar positivo. Perceba: o estado de espírito é contagioso. Certifique-se de que as coisas que você está passando para outras pessoas são positivas, e não negativas, porque elas refletirão em você e reagirão de acordo com o estado de espírito que você transmitir para elas.

É muito importante condicionar sua mente para que, quando você falar com os outros, não apenas suas palavras sejam ouvidas, mas também o sentimento por trás delas.

A ALIANÇA DE MASTERMIND 23

Algumas vezes, atitudes mentais transmitem melhor sua mensagem do que palavras. Realmente não há como expressar algumas das sutilezas da relação mental a não ser por meio do espírito por trás de suas palavras.

Lembre-se: o sucesso e o fracasso estão em sua mente. Uma vez despertado por essa estupenda percepção, você terá à sua disposição as doze grandes riquezas da vida:

1. Atitude mental positiva
2. Boa saúde física
3. Harmonia nas relações interpessoais
4. Libertação do medo
5. Esperança de realização
6. Capacidade de ter fé
7. Disposição de compartilhar as próprias bênçãos
8. Trabalho feito com amor
9. Mente aberta para todos os assuntos
10. Autodisciplina
11. Capacidade de entender as pessoas
12. Segurança financeira

A maior aliança de MasterMind de um homem é aquela que ele tem com a mulher que ama. Assim, é essencial nutrir esse amor mantendo viva a chama do romance. A emoção do romance alivia as dificuldades de um trabalho cansativo. Eleva os pensamentos do trabalhador mais humilde ao status de gênio. Afasta o desânimo e o substitui pela definição de um propósito. Transforma a pobreza em um poderoso estímulo e um poder irresistível de realização. É a própria essência do entusiasmo e estimula a imaginação, forçando-a à ação criativa.

A emoção do sexo é a própria fonte de inspiração da natureza, por meio da qual ela estimula em ambos, homens e mulheres, o desejo de criar, construir, liderar e orientar. Homens de visão, iniciativa e entusiasmo, que lideram e se destacam na arte, na música, no teatro, na indústria e nos negócios, expressam a emoção do sexo convertida em comportamento humano, e eles devem sua superioridade a esse fato. O espírito do romance, assim como a devoção pelo objeto de afeição de um homem, é uma grande força motriz que pode ser usada na busca por seu objetivo. A força que nasce da combinação entre amor e sexo é o próprio elixir da vida, por meio do qual a natureza expressa todo o seu esforço criativo. O homem casado que se dá bem com sua esposa – em completa harmonia, compreensão, afinidade e unicidade de propósito – tem um bem inestimável nesse relacionamento, que pode elevá-lo a grandes patamares de realização pessoal.

Como vimos, o amor encabeça a lista das nove motivações básicas da vida que inspiram todas as ações voluntárias das pessoas. Quando o amor existe em abundância, como a base do relacionamento de MasterMind familiar, as finanças da família provavelmente não causarão perturbações, pois, de algum modo, o amor supera todos os obstáculos, enfrenta todos os problemas e supera todas as dificuldades.

Outros tipos de alianças são as educacionais, religiosas, políticas, sociais e econômicas. Uma mente que permanece brilhante, alerta, receptiva e flexível deve ter constantemente a companhia de outras mentes. Nenhum homem pode alcançar a grandeza sozinho. Todo sucesso extraordinário é baseado em esforço cooperativo.

O primeiro passo para formar e manter uma aliança de MasterMind é adotar um propósito definido a ser alcançado pela aliança, escolhendo membros cuja educação formal, experiência e influência sejam tais que os tornem de grande valor para alcançar esse propósito. Não escolha pessoas simplesmente porque você as conhece e gosta delas; cada membro da aliança deve oferecer alguma contribuição definida, distinta e única para a situação como um todo. Você deve ser guiado em sua escolha pelas coisas de que precisa e ainda não tem. O número de indivíduos em uma aliança deve ser regido inteiramente pela natureza e magnitude do propósito a ser alcançado. Determine qual é o benefício adequado que cada membro poderá receber em troca por sua cooperação na aliança. Se você tiver lucros, esteja disposto a dividi-los com aqueles que o ajudaram. Não seja apenas justo, seja generoso com eles. Lembre-se do princípio de avançar uma milha a mais.

Defina um local onde os membros da aliança se encontrarão. Tenha um plano definido e marque um horário determinado para a discussão do plano. É importante que sejam feitos contatos frequentes e regulares entre os membros. É responsabilidade do líder da aliança garantir que se mantenha a harmonia entre todos os membros e que a ação seja contínua na busca pelo objetivo principal definido.

Ação ou trabalho é um elo entre o desejo, o plano e sua realização. A palavra de ordem da aliança deve ser *definição*: definição de propósito e positividade de planos, apoiados em uma perfeita e contínua harmonia.

A definição de um propósito é o primeiro elemento que se interliga com o princípio do MasterMind. Por isso, você deve ter iniciativa pessoal. Você deve assumir a liderança. Não espere que alguém venha em sua direção e o ajude. Você também precisa da fé aplicada e da prática de "ir além", avançar uma milha a mais.

A autodisciplina é indispensável. Não tente disciplinar os outros, discipline a si mesmo. Você não terá sucesso na vida dispersando suas forças e tentando fazer uma dúzia de coisas ao mesmo tempo. Você deve se concentrar em apenas uma coisa.

A poderosa Providência organizou o mecanismo da mente de modo que nenhuma mente sozinha esteja completa. A riqueza da mente em seu sentido mais amplo vem da aliança harmoniosa de duas ou mais mentes trabalhando juntas para a realização de algum propósito definido. Entre os fatores que permitem que um indivíduo se coloque acima da mediocridade está a compreensão do poder disponível para aquele que combina seu poder mental com o de outras pessoas, dando a si mesmo o benefício de uma força intangível que nenhuma mente sozinha poderia experimentar. Duas mentes nunca entram em contato sem trazer à existência um poder maior do que qualquer uma delas: uma terceira e intangível mente.

O princípio do MasterMind não é algo criado pelo homem. Faz parte do grande sistema da lei natural. É tão imutável quanto a lei da gravidade, que mantém as estrelas e os planetas em seus lugares, e tão definido como cada fase de seu funcionamento. Podemos não ser capazes de influenciar essa lei, mas podemos entendê-la e nos adaptar a ela de maneira que nos traga grandes benefícios, não importando quem somos ou qual a nossa vocação. Sucesso é o poder de obter o que se deseja na vida sem violar os direitos dos outros. Conhecimento por si só não é poder; poder é a apropriação e o uso do conhecimento e da experiência de outros homens para a realização de algum propósito definido. Além disso, é um poder do mais alto nível.

A ALIANÇA DE MASTERMIND

Pense nas pessoas de mente positiva que você gostaria de ter como seus consultores e associados. Imagine estar com esse grupo capaz e de mente positiva em perfeita harmonia, ajudando a mapear e planejar a realização de seus objetivos, e agora diga:

- *Gosto de me reunir com meus amigos em harmonia e com a mente positiva, para planejar meus objetivos.*
- *Gosto de me reunir com meus amigos em harmonia e com a mente positiva, para planejar meus objetivos.*
- *Gosto de me reunir com meus amigos em harmonia e com a mente positiva, para planejar meus objetivos.*
- *Gosto de me reunir com meus amigos em harmonia e com a mente positiva, para planejar meus objetivos.*
- *Gosto de me reunir com meus amigos em harmonia e com a mente positiva, para planejar meus objetivos.*
- *Gosto de me reunir com meus amigos em harmonia e com a mente positiva, para planejar meus objetivos.*
- *Gosto de me reunir com meus amigos em harmonia e com a mente positiva, para planejar meus objetivos.*
- *Gosto de me reunir com meus amigos em harmonia e com a mente positiva, para planejar meus objetivos.*
- *Gosto de me reunir com meus amigos em harmonia e com a mente positiva, para planejar meus objetivos.*
- *Gosto de me reunir com meus amigos em harmonia e com a mente positiva, para planejar meus objetivos.*

3

O significado da fé

O propósito deste capítulo é descrever o significado exato da fé, com sugestões de aplicações para resolver seus problemas cotidianos. Estou falando da fé que motiva, que você pode colocar em prática diariamente sem levar em conta qualquer forma de teologia ou religião. A única religião com a qual pretendo lidar é a geral e ampla religião do pensamento correto e do viver correto, à medida que você encontra relacionamentos humanos importantes em situações reais da vida.

A verdadeira dificuldade em definir a fé se deve ao fato de ela ser um estado de espírito. Além disso, a fé não é um estado de espírito passivo, no qual a mente está meramente dando consentimento, mas sim um estado ativo. A mente está se relacionando com o grande impulso vital ou força vital do universo.

A palavra *fé* é uma ideia abstrata, uma concepção puramente mental. É por isso que ela não é mais bem compreendida. A única maneira de compreendê-la é vendo alguém ou alguma coisa real, tangível ou concreta fazendo algo ou expressando algo.

No caso da fé, a coisa real e tangível é o homem usar sua mente para sentir os poderes que o cercam neste mundo maravilhoso e tentar harmonizar sua vida com esses incríveis poderes da forma como ele os sente. A relação entre a mente do homem e os poderes invisíveis do universo é infinita em suas possibilidades; e é aí que reside a dificuldade de dizer exatamente o que é a fé.

Em última análise, a fé é a atividade de mentes individuais se enfrentando e estabelecendo uma cooperação de trabalho com um poder amplamente conhecido como mente universal, o grande ser invisível, a mente divina ou, pelos religiosos mais ortodoxos, Deus – e pelos estudantes desta filosofia, como Inteligência Infinita.

Neste ponto, desejo explicar exatamente o que quero dizer com Inteligência Infinita, porque, na minha opinião, ninguém pode alcançar o estado de espírito chamado fé sem uma crença positiva e definida em um Ser Supremo. Ao chegar a essa convicção, você pode empregar todas as faculdades de que dispõe – observação, experimentação, sentimento, oração, meditação e pensamento – e considerar que todas são abordagens legítimas.

Para o ser pensante, o universo externo sempre serviu de evidência da existência de um poder supremo, criativo e direcionador. O avanço da ciência revela muitos segredos do funcionamento desse poder que chamamos de natureza. Todo processo da natureza é ordenado. Nenhum acaso, nenhuma desordem ou caos já foi visto no universo físico. O sol não nasce hoje no leste, amanhã no oeste. Todos os fenômenos da natureza são produtos de uma lei. Nenhuma exceção foi encontrada até hoje. O universo existente é comandado pela perfeita ordem e lei. Tal ordem superior, tal obediência à lei, claramente implica em planejamento inteligente e definição de propósito.

A ordem é o produto de um direcionamento inteligente. Cientistas sensatos declararam que o universo aparece como um produto do pensamento. A conclusão é inevitável. Não pode haver planejamento ou propósito sem uma mente. Não pode haver pensamento sem um pensador. O universo declara que há um propósito inteligente na natureza; portanto, deve haver uma suprema Inteligência Infinita dirigindo-a.

Dê uma olhada no relógio em seu pulso. Você sabe quem o fez, pode aprender como ele funciona, pode analisar o metal que o compõe. Você sabe também que seu relógio não surgiu sem a ajuda de uma inteligência organizada e sabe que a inteligência, em particular nesse caso, é a mente do homem. Você também sabe que a inteligência que o homem usou não se originou em sua mente; ele foi apenas um instrumento que expressou a força criativa de uma inteligência superior. Se você desmonta o relógio, retira as peças de suas corretas posições, coloca-as dentro de um chapéu e as sacode, nunca, nem em um milhão de anos, elas iriam – nem poderiam – remontar-se formando a mesma máquina em funcionamento chamada relógio. Seu relógio funciona com precisão apenas porque há uma inteligência organizada e um plano definido por trás dela. Portanto, é sensato ter fé em uma Inteligência Infinita organizada por trás do funcionamento do universo, o que é percebido pelos nossos sentidos.

O SIGNIFICADO DA FÉ

Você pode desenvolver a fé condicionando sua mente para receber a Inteligência Infinita. A fé aplicada adapta o poder recebido da Inteligência Infinita a um propósito maior definido. A fé aplicada tem sido chamada de dínamo de toda esta filosofia, porque é esta que lhe dará o poder de colocar esta filosofia em ação. A palavra dínamo, como você sabe, é apenas outro nome dado a um gerador de energia elétrica. A fé é o estado de espírito em que você relaxa, temporariamente, seu lado racional e sua força de vontade e abre sua mente para a orientação da Inteligência Infinita, para a realização de algum propósito definido. Essa orientação vem na forma de uma ideia ou plano que chega enquanto você mantém essa atitude receptiva.

A mente foi sabiamente provida de um portal que acessa a Inteligência Infinita, por meio do que conhecemos como *subconsciente*. A mente subconsciente, segundo as melhores evidências disponíveis, é o portal que liga a mente consciente do homem ao vasto reservatório da Inteligência Infinita. Esse portal pode ser comparado a uma torneira ou válvula, pela qual flui a corrente de inteligência da qual dependemos para nosso crescimento, desenvolvimento e para os desdobramentos de nossos poderes inatos. É nesse influxo de inteligência que vivemos, nos movemos e existimos. Devemos, portanto, manter esse portal aberto. Devemos mantê-lo livre de limitações e restrições autoimpostas. Não devemos fazer nada que possa represar esse fluxo de energia.

A Inteligência Infinita não reconhece limitações, exceto aquelas que impomos a nós mesmos. A ideia de que a mente do homem é um instrumento para a recepção e distribuição do poder da Inteligência Infinita é básica para a compreensão da aplicação da fé. Tudo o que a mente do homem pode conceber e acreditar ela pode alcançar, desde que não contrarie nenhuma lei natural e esteja em harmonia com a moral do universo.

Pelo menos um dos propósitos da existência do homem aqui na Terra parece ser a sua atuação como receptor e distribuidor do poder da Inteligência Infinita. À medida que o homem coopera com esse propósito, ele se alia às forças que agem por trás de toda a natureza; inversamente, à medida que ele olha apenas para seus próprios fins egoístas, ele está se opondo a esse poder ou retardando seu fluxo. O poder da Inteligência Infinita derrama vida em nós como um fluxo contínuo, mantendo nosso corpo e mente em funcionamento. Podemos usar essa energia para guiar e governar as circunstâncias e condições de nossa vida se agirmos como seus condutores e a moldarmos de acordo com nossos propósitos construtivos. Esse poder de influxo não tem limitações ou defeitos, mas é forçado a se manifestar neste mundo de uma maneira que nós, como indivíduos, possamos entendê-lo e expressá-lo.

Se você tiver fé, mantenha sua mente concentrada no que você quer e afastada do que não quer. O que você quer? Decida exatamente o que deseja por meio da definição de um propósito; então aplique o poder de sua fé. Como a flor perfeita, que jaz latente em um botão fechado, a semente do seu maior desejo precisa apenas do sol da sua fé para começar a germinar. Você adquire esse poder da fé utilizando o instrumento de contato com a Inteligência Infinita, que é o seu subconsciente. Você ativa seu subconsciente e concentra esse poder na realização de seus propósitos, bombardeando-o continuamente com declarações claras desses propósitos enquanto está em um estado de grande entusiasmo.

Aqui está uma ideia fantástica para você refletir: a força criativa de todo o universo funciona por meio de sua mente quando você estabelece um propósito definido e aplica sua fé para alcançá-lo. A única maneira segura e infalível de se separar do resto da humanidade e sair do nível mediano e medíocre não é viajar para alguma ilha deserta ou se manter em confinamento, mas sim agarrar-se fortemente a algum propósito. Dessa forma, você se afasta da massa da humanidade que é egocêntrica, ególatra e negativa e se alia à grande força estimulante da Inteligência Infinita.

Não posso deixar de enfatizar a importância da meditação. Essa forma de concentração ativa sua mente subconsciente e acelera suas vibrações a fim de estabelecer, de forma mais eficiente, o contato entre sua mente consciente e a Inteligência Infinita. Essa é uma maneira de tomar posse de sua própria mente e explorar essa fonte inesgotável de poder.

Você deve definir um período, mais de uma hora por dia, para dedicar-se a uma séria e profunda reflexão sobre seu relacionamento com a Inteligência Infinita. Esse investimento de tempo lhe renderá dividendos que enriquecerão sua vida para além dos seus sonhos. Se for uma pessoa religiosa, você pode fazer desse período um momento de oração. Acredito, porém, que, à medida que continuar lendo, você terá uma ideia de oração ligeiramente diferente da que é amplamente conhecida.

Diante do que eu disse, deve ter ficado óbvio que a fé é um estado de espírito que você só pode alcançar limpando adequadamente sua mente de todos os pensamentos negativos de carência, pobreza, medo, problemas de saúde e desarmonia. Quando você limpar sua mente desses pensamentos negativos, existem três passos fáceis que você pode dar para criar o estado de espírito conhecido como fé:

1. Expresse o desejo definido de alcançar um propósito. Relacione-o a uma ou mais motivações básicas.
2. Crie um plano definido e específico para a realização desse propósito.
3. Comece a agir de acordo com esse plano, colocando todo o seu esforço consciente nele.

Como a Inteligência Infinita está disponível ao subconsciente, se houver planos melhores e mais completos, você será inspirado, por um palpite ou intuição, a mudar os planos que fez. Esse procedimento coloca sua força espiritual diretamente de volta em seu objetivo e entrega o problema ao seu Criador. Quando a solução do seu problema surgir, como certamente acontecerá se você confiar em sua fé no Infinito, ela virá como uma ideia ou um plano transmitido à sua mente consciente por meio do subconsciente, que é a porta de entrada para o Poder Infinito.

Não se importe com o que sua razão lhe disser sobre esse procedimento. Ao condicionar sua mente a receber a Inteligência Infinita para que ela possa guiá-lo, você subjuga temporariamente sua razão. Esta parte das instruções é muito importante. A menos que você consiga segui-lo de boa vontade, sua razão o desafiará a cada passo, e você não será capaz de relaxar sua vontade e se submeter inteiramente aos poderes superiores que está buscando. Você precisará de prática para alcançar a arte de condicionar sua mente a ser receptiva.

Você pode estar imaginando como saberá que chegou a uma resposta. Você reconhecerá a força desse plano e a autenticidade de seu poder pelo sentimento de intenso entusiasmo que acompanha essa inspiração. Quando o plano chegar à sua mente consciente, aceite-o com apreço e gratidão e aja de acordo com ele imediatamente. Não hesite, não discuta, não desafie, não se preocupe, não tenha medo e não se pergunte se dará certo. Aja.

Aqui estão mais algumas palavras sobre orar: se você fizer de suas orações uma expressão de gratidão e reconhecimento pelas bênçãos que já recebeu, em vez de pedir o que não tem, vai descobrir que poderá obter resultados muito mais rápido. Não espere que a Inteligência Infinita manifeste fisicamente o seu desejo. Aceite com gratidão um plano para realizar seus desejos de acordo com as regras normais da conduta humana. Não procure por milagres. A Inteligência Infinita prefere trabalhar por meio de leis naturais, empregando quaisquer meios físicos disponíveis.

O pior inimigo da humanidade é o medo. Você não pode exercer o pleno poder da fé, que é a Inteligência Infinita se expressando em sua vida, enquanto houver um pingo de medo ou preocupação em sua mente. Você deve aprender a dar um banho em sua mente, e não importa qual seja o preço, vá em frente. Esse é o primeiro passo para condicionar sua mente para a fé. Livre-se das coisas que estão causando medo. Fé e medo não podem existir no coração ao mesmo tempo.

Resumindo em uma frase: "Fé é a arte de acreditar fazendo". O fazer, claro, é o grande segredo. A fé só pode existir enquanto estiver sendo usada. Assim como você não consegue desenvolver um braço musculoso sem exercitá-lo, não pode desenvolver a fé simplesmente falando e pensando nela.

Duas palavras estão inseparavelmente associadas à fé: *persistência* e *ação*. A fé é o resultado de colocar uma ação persistente por trás da definição de um propósito. Um propósito firme e um motivo sólido limpam a mente de muitas dúvidas, medos e outros aspectos negativos que devem ser removidos para permitir que a fé funcione. Quando você deseja alguma coisa e persegue esse desejo ativamente, logo descobrirá que sua mente se abre automaticamente para a orientação da fé. A fé sem trabalho está morta.

As emergências da vida, muitas vezes, levam os indivíduos a encruzilhadas onde são forçados a escolher uma direção, uma estrada marcada como "fé" e outra como "medo". O que faz com que a grande maioria escolha o caminho do medo? A escolha depende da atitude mental de cada um. O homem que segue o caminho do medo negligenciou o condicionamento de sua mente a ser positiva. E daí se você falhou no passado? Edison também falhou. Assim como Henry Ford, os irmãos Wright, Andrew Carnegie e todos os outros grandes líderes que ajudaram a estabelecer o "estilo de vida americano". Com a ajuda de sua luz interior, esses e todos os homens verdadeiramente extraordinários reconheceram suas derrotas temporárias exatamente pelo que elas são: um desafio a um grande esforço que está apoiado por uma fé ainda maior. Assim como uma única gota de água do oceano é parte integrante dele, saiba que você também faz parte do propósito universal da Inteligência Infinita.

Então repita estas palavras:

- *Tenho total fé e confiança na Inteligência Infinita e sei que estou alcançando meus objetivos.*
- *Tenho total fé e confiança na Inteligência Infinita e sei que estou alcançando meus objetivos.*

- *Tenho total fé e confiança na Inteligência Infinita e sei que estou alcançando meus objetivos.*
- *Tenho total fé e confiança na Inteligência Infinita e sei que estou alcançando meus objetivos.*
- *Tenho total fé e confiança na Inteligência Infinita e sei que estou alcançando meus objetivos.*
- *Tenho total fé e confiança na Inteligência Infinita e sei que estou alcançando meus objetivos.*
- *Tenho total fé e confiança na Inteligência Infinita e sei que estou alcançando meus objetivos.*
- *Tenho total fé e confiança na Inteligência Infinita e sei que estou alcançando meus objetivos.*
- *Tenho total fé e confiança na Inteligência Infinita e sei que estou alcançando meus objetivos.*
- *Tenho total fé e confiança na Inteligência Infinita e sei que estou alcançando meus objetivos.*

4

As trinta características de uma personalidade agradável

A personalidade é a soma das características e dos hábitos mentais, espirituais e físicos que distinguem um indivíduo de todos os outros. Mais do que qualquer outra coisa, é o fator que determina se alguém é admirado ou não.

É muito animador saber que as trinta características de uma personalidade agradável estão ao alcance de todos e podem ser adquiridas facilmente, sem prejudicar ninguém. Aqui estão elas:

1. **Uma atitude mental positiva**. Uma vez que ter atitude mental positiva encabeça a lista de traços de uma personalidade agradável e também a lista das doze riquezas, examinemos as qualidades que levam ao desenvolvimento dessa característica tão desejável.

O que procuramos nos outros acaba se espelhando em nosso próprio caráter; portanto, o hábito de buscar o bem nos outros leva ao desenvolvimento do bem em nós mesmos. É preciso reconhecer que nada vale o custo da preocupação e que existem dois tipos de preocupações: 1) aquelas que podemos resolver e 2) aquelas sobre as quais não temos controle e nada podemos fazer. Preencher deliberadamente a mente com pensamentos positivos e negar espaço para pensamentos negativos fornece ao indivíduo uma consciência positiva que o inspira a pensar positivamente sobre todos os assuntos. A autoanálise deve começar com rigorosa autodisciplina, baseada na coragem de reconhecer as próprias falhas e no desejo sincero de eliminá-las.

2. **Mente flexível**. A flexibilidade consiste no hábito de se adaptar às circunstâncias que mudam rapidamente, sem perder a compostura. A pessoa que mantém uma atitude mental positiva não terá dificuldade de manter a flexibilidade da personalidade, porque uma mente positiva está sempre sob controle e pode ser direcionada para qualquer propósito desejado.

3. **Sinceridade**. Esta é uma característica para a qual nunca se encontrou um substituto adequado, porque atinge o ser humano mais profundamente do que a maioria das outras qualidades pessoais. A sinceridade começa em você mesmo e é um traço saudável do caráter que se reflete tão visivelmente que ninguém pode deixar de observá-la.

Seja sincero antes de tudo com você mesmo. Seja sincero com quem você está relacionado por laços familiares. Seja sincero com seus colegas de trabalho. Seja sincero com o doador de todos os presentes para a humanidade.

4. **Rapidez na tomada de decisões.** Todos os homens de sucesso tomam decisões rapidamente. Muitos deles ficam incomodados com aqueles que não agem prontamente. A agilidade nas decisões é um hábito que deve ser formado por meio da autodisciplina. Aqueles que têm visão para reconhecer uma oportunidade e rapidez para tomar a decisão necessária para aproveitá-la irão adiante; os demais, não.

5. **Cortesia.** A cortesia é o hábito de prestar um serviço útil sem a expectativa de recompensa direta; respeitar os sentimentos de outras pessoas em todas as circunstâncias; sair de seu caminho, se necessário, para ajudar qualquer pessoa necessitada quando e onde for possível; e por último, mas não menos importante, controlar o egoísmo, a ganância, a inveja e o ódio.

6. **Um tom de voz agradável.** A fala é o meio mais frequente pelo qual se expressa a personalidade. O tom de voz, portanto, deve estar totalmente sob controle, a ponto de ser alterado e balanceado de modo a transmitir qualquer significado desejado, indo além das palavras usadas. Como a voz é a expressão mais direta do seu íntimo, você deve ter muito cuidado para fazer jus a ela.

7. **O hábito de sorrir.** Este hábito, como muitos outros, está diretamente relacionado à atitude mental do indivíduo e revela a natureza dessa atitude quase perfeitamente. O homem que deseja melhorar sua personalidade deve dedicar

determinado período de tempo a cada dia para praticar diante de um espelho, até que seja capaz de harmonizar o tom de sua voz com seu sorriso. Esse hábito trará grande retorno pelo tempo dedicado a ele.

8. **Expressão facial**. Os homens não têm rabo para abanar, mas têm músculos que controlam as expressões do rosto, e esses músculos servem ao mesmo propósito. Um sorriso produz certa disposição dessas expressões, enquanto uma carranca produz uma disposição inteiramente diferente, mas cada um transmite com precisão infalível o sentimento que está sendo vivenciado dentro da mente. Assim, o sorriso, o tom de voz e a expressão facial são como janelas abertas, por meio das quais todos os que quiserem podem ver e sentir o que se passa na mente das pessoas.

9. **Tato**. O tato consiste em fazer e dizer a coisa certa na hora certa. Existem muitas maneiras pelas quais as pessoas mostram sua falta de tato, mas as listadas a seguir estão entre as mais comuns: a) descuido no tom de voz, muitas vezes resultando em tons ásperos e irritantes, indicando que o falante está descontente ou em uma atitude mental negativa; b) o hábito de falar fora de hora, quando o silêncio seria mais apropriado; c) interromper a fala alheia, uma das expressões mais frequentes de descortesia, e que também indica falta de educação; d) usar demais o pronome pessoal eu; e) opiniões pessoais que não tenham sido solicitadas e que sejam dadas sem motivo, especialmente sobre assuntos desconhecidos; f) presumir amizade ou relacionamento para pedir favores sem ter o direito de solicitá-los; g) expressar sua aversão muito livremente.

42 A FILOSOFIA DO SUCESSO

10. Tolerância. A tolerância consiste em uma mente aberta para todos os assuntos, para todas as pessoas, em todos os momentos. Além de ser um dos traços mais importantes de uma personalidade agradável, a mente aberta para todos os assuntos é uma das doze grandes riquezas da vida.

11. Franqueza na conduta e no discurso. Indivíduos de bom caráter sempre têm a coragem para lidar direta e abertamente com os outros, e seguem esse hábito mesmo que, às vezes, possa ser desvantajoso. Talvez sua maior compensação consista em manter a consciência tranquila.

12. Senso de humor apurado. Um senso de humor bem desenvolvido ajuda o indivíduo a se tornar flexível e a se ajustar às diversas circunstâncias da vida. Também lhe permite relaxar e, claro, tornar-se mais humano. Além disso, um senso de humor apurado impede a pessoa de levar a si mesma e a vida muito a sério, uma tendência para a qual muitas pessoas estão inclinadas.

13. Fé na Inteligência Infinita. A fé na Inteligência Infinita inspira fé em outras coisas também, enquanto dúvida gera apenas dúvida. A fé é a porta principal por meio da qual o cérebro pode ter acesso livre ao grande poder universal do pensamento. A fé deve, inevitavelmente, ser tecida em cada princípio da filosofia da realização pessoal, porque o poder intangível da fé é a essência de toda grande realização, não importa qual seja sua natureza ou fonte.

14. Senso de justiça aguçado. Justiça, como o termo é usado aqui, refere-se à honestidade intencional. O indivíduo adere tão rigidamente a essa honestidade que é motivado por ela em todas as circunstâncias.

15. Uso adequado das palavras. A nossa língua está repleta de palavras que carregam vários significados; portanto, não há desculpa válida para o hábito de usar palavras que ofendam a sensibilidade dos outros. E, claro, o uso de palavrões a qualquer momento ou sob quaisquer circunstâncias é totalmente indesculpável.

16. Controle das emoções. O controle das emoções pode ser alcançado por meio de uma das doze riquezas, a autodisciplina, e é necessário para desfrutar dos benefícios de uma personalidade agradável. Alguns dos sentimentos que devem ser controlados são, do lado negativo, o medo, o ódio, a raiva, a inveja, a ganância, o ciúme, a vingança, a irritabilidade e a superstição. Do lado positivo, amor, sexo, fé, esperança, desejo, lealdade, simpatia e otimismo.

17. Prontidão de interesse. Não há maior consideração que se possa ter com alguém do que dedicar sua atenção aos interesses dessa pessoa. É uma realização ainda maior ser um ouvinte atento quando o outro está falando do que ser um orador talentoso.

18. Discurso eficaz. Basta observarmos atentamente para encontrar homens que atingiram altos níveis de realização pessoal graças à capacidade de vender a si mesmos e suas ideias por meio de um bom discurso. O fator mais importante no discurso eficaz é um conhecimento profundo do assunto sobre o qual se fala. A maior de todas as regras da fala eficaz pode ser enunciada em uma frase: saiba o que você deseja dizer, diga-o com toda a emoção possível e depois sente-se.

19. Versatilidade. As pessoas populares são muito versáteis. Elas têm, pelo menos, um conhecimento superficial sobre vários assuntos. Elas estão interessadas nas outras pessoas e em suas ideias, e se esforçam para expressar esse interesse se isso inspirar a reação apropriada.

20. Afeição pelas pessoas. Pessoas que não gostam de outras pessoas, inevitavelmente, serão malquistas. Por meio do princípio da telepatia, cada mente se comunica com todas as outras mentes dentro de seu alcance. A pessoa que deseja desenvolver uma personalidade atraente necessita controlar, constantemente, não apenas suas palavras e ações, mas também seus pensamentos.

21. Controle de temperamento. O homem que deixa seu temperamento voar em qualquer direção certamente o encontrará pousado em lugares que causarão grande dano. Talvez o maior dano que um temperamento descontrolado possa causar seja uma língua descontrolada. A emoção sob controle, no entanto, é um dos poderes disponíveis para a humanidade.

22. Esperança e ambição. Um homem sem ambição ou sem esperança de alcançar seus objetivos pode ser inofensivo para os outros, mas nunca será popular. Ninguém se importa muito com uma pessoa que mostra claramente, por suas ações ou omissões, que abandonou a esperança de progredir neste mundo.

23. Temperança. O homem que não tem a autodisciplina necessária para gerenciar seus hábitos pessoais, em vez de ser controlado por eles, nunca será atraente para os outros. Isso é especialmente verdadeiro para os hábitos de comer e beber, e em relacionamentos sexuais. Em qualquer um destes hábitos, os excessos destroem o magnetismo pessoal.

24. Paciência. Vivemos em um mundo que se move rápido, em alta velocidade, e o ritmo dos pensamentos e ações humanas é tão rápido que as pessoas muitas vezes se atrapalham; portanto, é preciso paciência para evitar os efeitos destrutivos do atrito nas relações humanas.

25. Humildade de coração. Esse é o resultado da compreensão do relacionamento do homem com seu Criador, somado ao reconhecimento de que as bênçãos materiais da vida são dádivas do Criador para o bem comum de toda a humanidade. O homem que está de bem com sua própria consciência, e com seu Criador, sempre é humilde de coração, não importa quantas riquezas materiais ele possa ter acumulado na vida ou quais sejam suas realizações pessoais.

26. Adequação dos adornos pessoais. A pessoa mais bem vestida geralmente é aquela cujas roupas e acessórios são tão bem escolhidos e cujo visual é tão bem harmonizado que o indivíduo não atrai atenção excessiva por isso.

27. Capacidade de representar efetivamente. A capacidade de representar efetivamente combina muitos dos outros traços de uma personalidade agradável, como a expressão facial, o controle do tom de voz, roupas e acessórios adequados, escolha correta das palavras, domínio das emoções, cortesia, discurso eficaz, versatilidade, atitude mental positiva, senso de humor aguçado, interesse pelas outras pessoas e tato.

28. Espírito esportivo. O espírito esportivo é um traço importante de uma personalidade atraente, porque inspira as pessoas a cooperarem de maneira amigável. Indicativo de bom caráter, ele dificilmente precisa de mais endosso.

29. A capacidade de apertar as mãos corretamente. Muitas pessoas nem imaginam que o aperto de mãos tem algo a ver com uma personalidade agradável, mas, na verdade, tem muito a ver com o assunto. A pessoa que aperta a mão de maneira correta coordena adequadamente o gesto com seus cumprimentos, geralmente enfatizando cada palavra com um aperto firme – mas não tão forte quanto um torno –, e não solta a mão da outra pessoa até que termine de falar sua saudação.

30. Magnetismo pessoal. Vamos francamente admitir que esse magnetismo é a maneira mais educada de descrever a emoção sexual, pois é exatamente isso que significa. A emoção sexual é o poder por trás de toda percepção criativa. É o meio pelo qual todas as espécies vivas são perpetuadas. Inspira o uso da imaginação, o entusiasmo e a iniciativa pessoal. Nunca nasceu um grande líder, em qualquer área, que não fosse motivado, em parte, pelos poderes criativos da emoção sexual.

A personalidade de um homem é seu maior patrimônio ou sua maior responsabilidade, pois abrange tudo o que ele controla: sua mente, seu corpo e sua alma. A personalidade de um homem é o próprio homem. Ela molda a natureza de seus pensamentos, suas ações e suas relações com os outros, além de estabelecer os limites do espaço que ele ocupa no mundo.

Visualize-se como um amigo querido por todos, irradiando afeição, carinho e amizade. Você está genuinamente interessado em seus amigos e em seu bem-estar. Agora repita estas palavras:

As trinta características de uma personalidade agradável 47

- *Gosto de pessoas e irradio cordialidade e amizade para todos.*
- *Gosto de pessoas e irradio cordialidade e amizade para todos.*
- *Gosto de pessoas e irradio cordialidade e amizade para todos.*
- *Gosto de pessoas e irradio cordialidade e amizade para todos.*
- *Gosto de pessoas e irradio cordialidade e amizade para todos.*
- *Gosto de pessoas e irradio cordialidade e amizade para todos.*
- *Gosto de pessoas e irradio cordialidade e amizade para todos.*
- *Gosto de pessoas e irradio cordialidade e amizade para todos.*
- *Gosto de pessoas e irradio cordialidade e amizade para todos.*
- *Gosto de pessoas e irradio cordialidade e amizade para todos.*

5.

Andando uma milha a mais

Farei uma promessa a você que estudar este capítulo e colocar estes princípios em prática, como um hábito: se você começar imediatamente a trabalhar e a oferecer mais do que aquilo pelo que é pago para fazer atualmente, será recompensado de várias maneiras bem específicas:

1. Mais cedo ou mais tarde, receberá uma compensação muito superior ao valor real do serviço prestado.
2. Além desse ganho material, provará sua força de caráter de outras maneiras.
3. Descobrirá que é mais fácil manter uma atitude mental positiva o tempo todo.

4. Experimentará a emoção de ter convicções novas e mais fortes sobre coragem e autoconfiança, novos impulsos do poder de iniciativa pessoal e um influxo energizante de entusiasmo vital.

5. Finalmente, descobrirá que existe um mercado permanente para seus serviços e, por causa de sua reputação, não ficará sem emprego.

Isso lhe parece grande demais para ser entregue em um único capítulo? É verdade, é ambicioso, mas o poder por trás desse princípio estratégico pode entregar o que é prometido e também fornecer ideias. Esse princípio foi observado e comentado centenas de anos antes do alvorecer da era cristã, mas uma das suas expressões mais clássicas aparece no ensaio intitulado *Compensação*, de Ralph Waldo Emerson.

Há algo bastante sutil, mas poderoso, ligado à observância desse princípio, e isso deve ser percebido, sentido ou discernido intuitivamente. O grau em que você é capaz de entender essa atitude determinará seu sucesso em alcançar as promessas feitas anteriormente.

Uma coisa que quero dizer com "andar uma milha a mais" é: não espere que as pessoas lhe mandem fazer algo, porque isso tira a graça de fazer tal tarefa. Levante-se e faça.

Se você tiver uma atitude correta nas coisas que faz pelos outros, será bem-sucedido ao torná-las sua obrigação. Se não tiver a atitude correta, irão suspeitar de você, irão rejeitá-lo e encontrarão desculpas para não retribuir pelo que você faz.

Não há melhor maneira para começar essa discussão do que mostrando como a própria natureza força todas as criaturas vivas a seguir esse princípio ou perecer – exceto os humanos. Os humanos, dentre todas as criaturas, têm o direito de escolher entre desobedecer à lei e sofrer as consequências, ou obedecer à lei e colher as recompensas.

Você descobrirá que a mãe natureza vai além – "anda uma milha a mais" – em tudo o que faz. Ela cria não apenas o suficiente de cada gênero ou espécie para que sobreviva; cria também uma superabundância para atender a todas as necessidades que possam surgir e para que ainda exista o suficiente para garantir a perpetuação de cada forma de vida.

A cada primavera, observe as flores nas árvores frutíferas. Nesse caso, a natureza "sabe" que os ventos, tempestades e geadas atípicas podem destruir muitas das flores, por isso ela cria flores suficientes para que, ainda assim, haja uma safra de frutas. Assim, você pode ver que a natureza vai além – "anda uma milha a mais" –, simplesmente produzindo uma abundância de flores, e estas atraem abelhas. As abelhas vão além – "andam uma milha a mais" – prestando seus serviços antes de serem recompensadas. O resultado é a produção de frutos e a perpetuação das abelhas.

Aqui estão duas leis muito importantes. Elas são importantes porque lidam com sua vida e com as coisas com as quais você está familiarizado. Uma é a *lei da compensação*, e a outra é a *lei dos rendimentos crescentes*. A espécie humana depende, para sua própria sobrevivência, do funcionamento dessas duas leis, pois, se um agricultor não as cumprir, por exemplo, ele não produz comida.

Vamos dar uma olhada no caso do agricultor. Observe como ele deve, necessariamente, cumprir essas leis da vida, somadas ao princípio de andar uma milha a mais, conscientemente ou não. Primeiro, o agricultor deve deixar o solo livre de plantas e arbustos, depois deve arar, passar o ancinho e fertilizar, se for necessário. Depois disso, deve semear o solo. Ele deve mesclar inteligência com trabalho, observando a estação do ano adequada para o plantio, o método correto de cultivo e as técnicas ideais de irrigação e cuidado. Se o agricultor realizar seu trabalho com inteligência, a natureza o recompensará por meio da lei da compensação, que não permite que nenhuma forma de vida receba algo de graça, nem que qualquer forma de trabalho fique sem recompensa. Essa lei assegura o retorno da semente que foi plantada, mas apenas com o retorno da semente nada teria sido ganhado no processo, e nenhum alimento poderia ser produzido para os homens ou animais.

Não, deve existir outra lei atuando ao mesmo tempo. Chamamos essa de *lei dos rendimentos crescentes*, pois há um aumento na quantidade produzida. A natureza devolve ao agricultor a semente que ele plantou no solo, acrescida de uma margem multiplicada de sementes, como recompensa por ter feito mais do que aquilo pelo qual foi temporariamente pago.

Em toda parte e em todas as coisas, a lei da ação e reação pode ser vista em operação. O orçamento da natureza é sempre equilibrado. Tudo tem seu oposto equivalente em alguma outra coisa: positivo e negativo, dia e noite, quente e frio, verão e inverno, bom e ruim, para cima e para baixo, sucesso e fracasso, doce e amargo, felicidade e tristeza. O pêndulo oscila para trás e para a frente na mesma distância exata.

Assim é nas relações humanas e na prestação de serviços. Tudo o que o homem semear, também colherá. O homem deve lembrar-se de que o tipo de semente que ele planta é muito importante, porque toda semente plantada produz uma colheita da mesma espécie.

Como apontei no capítulo sobre a definição de propósito, o homem tem direito absoluto de controlar somente o poder do seu pensamento, o que indica que este deve ser seu bem mais valioso. Por meio do exercício desse dom divino, o homem tem uma via natural de aproximação com a Inteligência Infinita, o que significa que ele pode colocar as forças de todo o universo a favor de seus planos e de seu propósito.

Depois de deixar essa extraordinária ideia ser absorvida por certo tempo, enumerarei alguns dos mais úteis e importantes benefícios que estão disponíveis para o homem desde que ele aplique esse princípio. Você pode considerar esses itens como uma espécie de lista de razões para andar uma milha a mais. Aqui estão eles:

1. Andar uma milha a mais coloca a lei dos rendimentos crescentes a favor de suas atividades. Isso significa que a qualidade e a quantidade dos serviços prestados voltarão para você multiplicadas. Lembre-se da história do agricultor e do grão de trigo que ele planta. Se você prestar um serviço no valor de R$ 100 as chances são de que, eventualmente, você receba de volta não apenas esses R$ 100, mas dez vezes esse valor, desde que preste o serviço com a atitude mental correta. Às vezes, seu retorno pode não ser em dinheiro, mas em mais oportunidades para que você progrida por meio de promoções ou fazendo novos amigos.

Como você deve ter suspeitado, também existe o inverso da lei de andar uma milha a mais. Se você deixar de andar uma milha a mais ou nem sequer percorrer a primeira milha, se fizer seu trabalho com uma atitude negativa pensando em obter compensação imediata, são grandes as chances de que a lei do retorno decrescente entre em ação, e você receberá de volta muito menos do que seus esforços, feitos com má vontade, valeram, ou possivelmente não receberá nada em troca.

2. Com o hábito de fazer mais do que é pago para realizar, você é beneficiado pela lei da compensação, pela qual nenhuma ação pode ser praticada sem uma reação equivalente do mesmo tipo. Para obter resultados consideráveis, essa regra deve ser aplicada em todos os momentos, de todas as maneiras positivas possíveis. Você deve prestar a maior quantidade de serviços possível e prestá-lo de maneira amigável e positiva. Esse princípio de fazer mais do que apenas o que você é pago para fazer também opera em benefício do empregador que o aplica em prol do empregado. Seria incorreto para um empregador reter qualquer parte do salário ganho de maneira justa por um empregado, tanto quanto seria para um empregado fazer menos do que ele é pago para fazer.

Aqui está o ponto que a maioria das pessoas tende a ignorar: até que um homem comece a entregar mais do que é pago para fazer, ele já está recebendo o pagamento integral pelo que faz. O triste fato é que 98 em cada 100 assalariados não têm um propósito definido maior do que trabalhar para receber salário. Portanto, não importa o quanto eles façam ou quão bem o façam, a roda da fortuna passa por eles sem lhes dar mais do que um simples sustento, porque eles não esperam nem exigem mais.

3. O hábito de fazer mais do que você é pago para fazer atrairá a atenção positiva daqueles que têm oportunidades para oferecer. Nunca conheci um homem que tenha sido promovido a um cargo de maior remuneração e maior responsabilidade sem adotar e seguir esse hábito.

4. Esse hábito permite que você se torne indispensável em muitas situações diferentes e, portanto, possa exigir mais do que uma remuneração média por seus serviços. Mesmo que não exista ninguém que seja realmente indispensável, podemos dizer que *indispensável* é algo ou alguém sem o qual você não consegue se virar tão bem. Torne-se tão útil que seria extremamente difícil, se não impossível, substituí-lo.

5. Esse hábito leva ao crescimento mental e ao aperfeiçoamento físico, desenvolvendo assim maior habilidade e capacidade na vocação escolhida.

6. Esse hábito o protege do desemprego e o coloca em condições de escolher seu próprio serviço e suas condições de trabalho, além de atrair as oportunidades de autopromoção já mencionadas.

7. Andar uma milha a mais o coloca sob os holofotes, dando-lhe o benefício da lei da comparação, que é muito importante para sua autopromoção.

8. Fazer mais do que aquilo que você é pago para fazer leva ao desenvolvimento de uma atitude positiva e agradável, que está entre os traços mais importantes de uma personalidade atrativa. Você pode fazer com que quase todas as pessoas ajam da maneira que você deseja em relação a você, se seguir essa lei.

9. O hábito de prestar um serviço melhor do que o que você é pago para fazer desenvolve a iniciativa pessoal, sem a

qual ninguém pode atingir qualquer posição acima da mediocridade e sem a qual ninguém pode adquirir liberdade econômica. Iniciativa pessoal significa fazer o que precisa ser feito sem que alguém tenha que pedir.

10. Andar uma milha a mais dá a você mais confiança em si mesmo e o coloca em paz com a própria consciência. Aliás, se você tem um espelho de corpo inteiro em casa, pode ser uma boa ideia ir até ele e se familiarizar com a pessoa que está refletida nele. Converse com ele sobre seus planos e propósitos. Recrute sua cooperação. Explique a ele como você decidiu adotar a estratégia de entregar serviço extra com a atitude mental correta.

11. Andar uma milha a mais ajuda a superar o hábito destrutivo da procrastinação. Quando você tem o hábito de ir além, fica tão ávido para fazer as coisas que aprende a gostar do que faz e da pessoa para quem está fazendo, e assim o velho costume de procrastinar simplesmente morre de fome.

12. Andar uma milha a mais o ajuda a desenvolver a definição de propósito, sem o qual não se pode obter sucesso. A definição de propósito acontece porque você está se movendo, falando e agindo em resposta a essa motivação.

13. Esse hábito dá a você o direito de pedir uma promoção e aumento de salário. Se fizer apenas o que é pago para fazer, não há nenhuma razão lógica para esperar por um pagamento maior; você deve fazer o trabalho pelo qual é pago para manter seu emprego. Mas tem o privilégio de prestar um serviço além do esperado e assim acumular um crédito de boa vontade, o que lhe dá direito a um salário maior e a uma posição mais elevada.

14. Você pode adotar e seguir o hábito de ir além por iniciativa própria, sem pedir permissão a ninguém. Gostaria de chamar a sua atenção para a única fórmula de toda esta filosofia: Q + Q + AM = C. *Qualidade do serviço* prestado mais *quantidade de serviço* prestado mais a *atitude mental* com que é prestado é igual à *compensação* no mundo e ao espaço que você ocupará no coração de seus semelhantes. A palavra *compensação* aqui significa todas as coisas que você recebe na vida, seja dinheiro, alegria, felicidade, harmonia nas relações pessoais, iluminação espiritual, paz de espírito, uma atitude mental positiva, a capacidade de ter fé, a habilidade e o desejo de compartilhar bênçãos com os outros, uma mente aberta e receptiva à verdade em todos os assuntos, um senso de tolerância e de jogo limpo ou qualquer outra atitude louvável ou atributo que você possa buscar.

Às vezes, a lei da compensação, que gera a retribuição pelo hábito de andar uma milha a mais, parece funcionar de maneira lenta. Outras vezes, a recompensa vem de uma fonte inteiramente distinta daquela à qual o serviço foi prestado, mas ela virá, e isso é tão certo quanto a noite depois do dia.

Imagine-se como um líder forte, disposto e confiável, um homem entre os homens, fazendo, com prazer, mais do que sua parte, sempre ávido por ajudar. Agora repita estas palavras pelo menos três vezes por dia:

- *Eu aproveito, de boa vontade e com disposição, qualquer oportunidade de servir as pessoas, mesmo que não haja compensação.*

- *Eu aproveito, de boa vontade e com disposição, qualquer oportunidade de servir as pessoas, mesmo que não haja compensação.*

- *Eu aproveito, de boa vontade e com disposição, qualquer oportunidade de servir as pessoas, mesmo que não haja compensação.*

- *Eu aproveito, de boa vontade e com disposição, qualquer oportunidade de servir as pessoas, mesmo que não haja compensação.*

- *Eu aproveito, de boa vontade e com disposição, qualquer oportunidade de servir as pessoas, mesmo que não haja compensação.*

- *Eu aproveito, de boa vontade e com disposição, qualquer oportunidade de servir as pessoas, mesmo que não haja compensação.*

- *Eu aproveito, de boa vontade e com disposição, qualquer oportunidade de servir as pessoas, mesmo que não haja compensação.*

- *Eu aproveito, de boa vontade e com disposição, qualquer oportunidade de servir as pessoas, mesmo que não haja compensação.*

- *Eu aproveito, de boa vontade e com disposição, qualquer oportunidade de servir as pessoas, mesmo que não haja compensação.*

- *Eu aproveito, de boa vontade e com disposição, qualquer oportunidade de servir as pessoas, mesmo que não haja compensação.*

6

Iniciativa pessoal

Andrew Carnegie disse: "Existem dois tipos de homens que nunca chegam a lugar algum. Um é o sujeito que nunca faz nada, exceto o que lhe é dito para fazer. O outro é o sujeito que nunca faz mais do que lhe é dito para fazer". E então continuou: "O homem que avança faz o que deve ser feito sem que lhe digam para fazê-lo, mas não para por aí. Ele anda uma milha a mais, fazendo muito mais do que é esperado ou exigido dele".

A iniciativa pessoal em um indivíduo é o mesmo que um motor de arranque em um automóvel. Ela é o poder que inicia toda ação. Além disso, é o poder que inspira a finalização do que foi iniciado.

Há muitos iniciadores entre os homens, mas há poucos finalizadores. A iniciativa pessoal é o dínamo humano que põe em ação a capacidade de imaginação, transformando o maior propósito definido de alguém em seu equivalente físico ou financeiro. É a qualidade que cria um propósito maior, bem como todos os propósitos menores.

A iniciativa pessoal revela oportunidades favoráveis para o autodesenvolvimento e inspira o indivíduo a aceitá-las e aproveitá-las ao máximo. Também revela muitas falhas e ajuda a corrigi--las. Ela dá uma sede insaciável de conhecimento, novas ideias e melhores maneiras de fazer as coisas. É a irmã gêmea do princípio de andar uma milha a mais. Inspirou a redação da Declaração de Independência dos Estados Unidos e ajudou a traduzir esse documento na liberdade desfrutada pelos norte-americanos. Deu a eles o sistema americano de livre-iniciativa, cuja qualidade mais notável é a de estimular a todos com o direito de agir por sua própria iniciativa.

A iniciativa pessoal é uma qualidade proeminente em toda liderança bem-sucedida. Encabeça a lista de qualidades que um líder de sucesso deve ter. A iniciativa pessoal, para ser eficaz como uma qualidade de liderança, deve ser baseada em um plano definido organizado, inspirado por um motivo definido e seguido até que se atinja seu objetivo.

Um exemplo de iniciativa pessoal na liderança é Henry J. Kaiser, que, durante a Segunda Guerra Mundial, surpreendeu todo o meio industrial ao conquistar velocidade e eficiência na construção de navios. Suas realizações foram ainda mais surpreendentes porque ele nunca havia construído navios. O segredo de seu sucesso está em sua capacidade de liderança.

A iniciativa pessoal é necessária para a aplicação dos quatro grandes princípios da realização pessoal.

60 A Filosofia do Sucesso

1. Inspira a pessoa a escolher um objetivo principal definido e a seguir com um plano de ação determinado para atingir esse objetivo.
2. Impulsiona o hábito de andar uma milha a mais.
3. Inspira a organização de uma aliança de MasterMind.
4. Clareia a mente para receber orientações por meio da aplicação da fé.

Esses quatro princípios não teriam valor sem a iniciativa pessoal agindo por trás deles.

A causa mais comum de fracasso, como irei abordar no próximo capítulo, é o hábito de se alienar sem um objetivo principal definido. Indivíduos com iniciativa pessoal não se desviam de seus objetivos. Eles não procrastinam. Eles não reclamam da falta de oportunidades, mas se movem por conta própria e criam oportunidades para si mesmos. Examine o histórico de qualquer homem bem-sucedido e você descobrirá que ele começou com um objetivo principal definido e o levou a cabo por iniciativa própria.

Reflita sobre esses fatos e você entenderá como e por que os dezessete princípios desta filosofia estão relacionados entre si como os elos de uma corrente, e por que o sucesso é alcançado por meio da aplicação de uma combinação desses princípios, e não por qualquer um deles isoladamente.

Um grande filósofo disse: "Tudo o que um homem precisa chega a ele por caminhos sinuosos ou retos, mas nada chega até que ele esteja pronto para usá-lo". Andrew Carnegie estava pronto para receber o capital de giro quando decidiu entrar no negócio do aço. Ele estava pronto porque condicionou sua mente a usar o capital de forma lucrativa. Carnegie, provavelmente, precisava do dinheiro muito antes de recebê-lo, assim como todo mundo precisa de dinheiro, mas precisar dele não é o mesmo que estar pronto para recebê-lo. Fixe bem essa diferença, pois ela compõe os fatores que permitem ao indivíduo alternar entre o lado do fracasso e o lado do sucesso no rio da vida. Esses fatores consistem no uso adequado de uma combinação dos dezessete princípios desta filosofia.

Repito essa verdade, mesmo correndo o risco de me tornar monótono, porque a incapacidade de compreendê-la é fatal para o sucesso. Eu a repito porque é da natureza do homem procurar em todos os lugares por fórmulas milagrosas para o sucesso, enquanto os princípios do sucesso são simples e muito acessíveis. E repito também porque é da natureza do homem não se impressionar com uma afirmação quando a ouve pela primeira vez.

Isso foi demonstrado pelo Mestre ao ser abordado por um homem rico que sofria do que ele acreditava ser uma doença incurável. O Mestre disse: "Vai, lava-te sete vezes no rio Jordão, e ficarás purificado". O homem rico não ficou impressionado. Ele buscava uma cura milagrosa, algo mais impressionante do que o simples ato de se banhar nas águas sujas do rio Jordão. Mas o Mestre sabia que toda cura começa pelo condicionamento da mente para recebê-la, e isso se aplica tanto à cura da doença da pobreza quanto à cura do corpo físico.

Tudo o que um homem precisa vem a ele quando ele está pronto. Esse princípio já era sólido durante os dias do Nazareno. E não é menos sólido hoje, pois os princípios não mudam de uma geração para outra. Além disso, os princípios da verdade se aplicam a todas as circunstâncias da vida, e seu preço consiste em sua compreensão, aplicação e uso – nada mais.

Se você estiver cansado do lado negativo do rio da vida, então sinta-se livre para mudar para o lado positivo. Mova-se por meio da sua iniciativa pessoal, pois ninguém se moverá por você. Comece agora, exatamente onde você está. Adote um propósito principal definido. Estabeleça um plano para sua realização e siga com esse plano. Se o primeiro plano não funcionar, troque-o por outro, mas você não deve mudar seu propósito. Você pode não ter todos os meios materiais de que precisa para a realização de seu propósito, mas tenha esperança no fato de que, à medida que fizer o melhor uso possível dos meios de que dispõe, outros e melhores meios serão disponibilizados para você, assim que estiver pronto para recebê-los e usá-los.

A mente que foi preparada para receber atrai o que precisa como um ímã atrai limalhas de ferro. Que maior oportunidade, portanto, poderia alguém dar à iniciativa pessoal do que condicionar a própria mente a atrair o que precisa? A parte mais difícil de qualquer tarefa é começar a realizá-la, mas, uma vez iniciada, os meios para a sua execução se apresentam. A verdade disso foi provada pelo fato de que homens com um objetivo principal definido são mais bem-sucedidos do que aqueles sem objetivos. Ainda não encontrei um homem que tenha conseguido atingir seu objetivo principal definido que não admitisse, prontamente, que a adoção de tal objetivo foi o momento decisivo de toda a sua vida.

Nenhuma pessoa pode dizer a outra qual deve ser seu objetivo principal definido na vida, mas qualquer homem bem-sucedido confirmará o fato de que o sucesso não é possível sem um objetivo. Adote um propósito principal definido. Veja com que rapidez o hábito de seguir sua iniciativa pessoal o inspirará a agir na realização de seu propósito. Sua imaginação ficará mais alerta e revelará a você inúmeras oportunidades relacionadas ao seu propósito. Qualquer oposição ao seu propósito desaparecerá. As pessoas irão cooperar com você amigavelmente. O medo e a dúvida também desaparecerão. Em algum lugar ao longo do caminho, você encontrará seu outro eu, cara a cara, o eu que pode e que irá levá-lo para o lado do sucesso no rio da vida.

A partir daí a caminhada será fácil e o caminho ficará evidente, pois você terá se adaptado às grandes forças intangíveis da natureza, que levam, inevitavelmente, à realização do objetivo escolhido. Então, você se perguntará por que não encontrou esse caminho antes. Também entenderá por que sucesso atrai mais sucesso, enquanto o fracasso atrai apenas mais fracasso.

Todos os homens de sucesso seguem o hábito de agir por iniciativa própria, embora alguns deles talvez apliquem esse princípio inconscientemente. Na maioria dos homens que fracassam, vagam pela vida sem rumo, sem plano ou propósito, seus esforços são dissipados pela falta de iniciativa pessoal de adotar um propósito principal definido e seguir com ele até que esteja concluído.

A iniciativa pessoal nasce de uma motivação. O Criador deu à humanidade muitos métodos engenhosos de levar a cabo o plano divino para o progresso humano. Um deles é plantar motivações atrativas na mente de um homem para que elas o influenciem a dar o melhor de si.

Amor, sexo e desejo por segurança econômica são as três motivações que mais incitam os homens a agirem por iniciativa própria. Por meio da combinação das motivações de amor e sexo, o Criador garantiu a perpetuação da vida humana. Elas foram feitas de maneira tão atrativa que dificilmente o homem poderia rejeitar sua influência.

O Criador estabeleceu que a vida na Terra deve continuar de acordo com seus planos, não importa o que o homem possa pensar que deseja ou a que motivos possa atribuir os resultados de sua iniciativa pessoal. Henry Ford pode ter acreditado que foi motivado por um desejo de ganho financeiro, ou por seu orgulho, para estabelecer um grande império industrial que gera emprego direta e indiretamente a muitos milhões de pessoas. No entanto, ele pode nunca ter sabido – e não era essencial que soubesse – que, por meio de seus esforços, milhões de homens são motivados a realizar os planos do Criador, desenvolvendo sua mente por meio da iniciativa pessoal.

O cérebro humano se desenvolve apenas pelo uso da iniciativa pessoal. Esse é um fato bem conhecido por todos os psicólogos, mas nem todos podem identificar a possibilidade – ou melhor, a probabilidade – de que por trás de toda expressão de iniciativa pessoal está o plano do Criador de assegurar o crescimento mental e espiritual do homem por meio de seus próprios esforços. No futuro, teremos que aproveitar ao máximo esta nova era de oportunidades na qual homens e mulheres com visão criativa, determinação de propósito e motivação serão inspirados a seguir sua própria iniciativa.

Não podemos estrangular a liderança e a indústria com a crença equivocada de que impedir homens e mulheres desse tipo é o caminho para ajudar os fracos e os pobres, pois é óbvio que sem essa liderança seremos todos relegados à classe que, como disse um grande filósofo, sempre teremos conosco. A melhor maneira de ajudar os fracos e os pobres é incentivar os ricos e os fortes, como Edison e Ford, a seguir sua iniciativa pessoal. Pois, obviamente, são homens como esses que sempre ajudaram os fracos e os pobres a ajudarem a si mesmos, por meio de empregos lucrativos destinados a inspirar os homens a agir por sua própria iniciativa.

Os fracos e os pobres não podem ser beneficiados restringindo os ricos e os fortes ou privando-os de uma motivação para usar sua iniciativa. Isso só teria o efeito de forçar todos os homens a se tornarem fracos e pobres. Os homens sábios se beneficiarão observando o plano da natureza com métodos eficientes de produção em massa, que colocaram as necessidades e os luxos da vida ao alcance dos fracos e dos pobres. Os ricos e os fortes ajudam fornecendo liderança inteligente, iniciativa pessoal, visão criativa, imaginação e esforço organizado, por meio dos quais os fracos e os pobres recebem fontes de renda e oportunidades para se tornarem ricos e fortes.

Ninguém faz nada voluntariamente sem um incentivo. Os três incentivos da mais alta ordem, como já afirmamos, são o amor, o sexo e o desejo de ganho financeiro. São incentivos naturais, pois são inerentes a todo ser humano, como dádivas do Criador. Eles devem fazer parte do Seu plano divino, ou não teriam sido plantados na mente de todos os seres humanos. O incentivo certo foi o responsável pelo "estilo de vida americano". Sem ele, o nosso modo de vida ainda seria o mesmo da época em que descobrimos esta terra generosa.

A verdadeira educação não vem inteiramente de fontes acadêmicas. A maior parte da educação prática vem da experiência humana, da luta, de tentar e falhar e, depois, tentar novamente. A palavra "educar" vem do latim *educare*, que significa a ação de "instruir, trazer à tona, desenvolver de dentro para fora". E a maior inspiração para se desenvolver de dentro para fora é que fornece um motivo para criar, construir, acumular propriedades e gerar empregos e oportunidades para outros. Esse tipo de motivação gerou nossos homens mais bem-educados. Se você fizer seu trabalho da maneira que acredito que possa fazer, o mundo inteiro ficará mais rico por causa do seu trabalho – não apenas em coisas materiais, mas também em entendimento espiritual, sem o qual nenhuma forma de riqueza pode durar muito.

Veja-se vividamente como um empreendedor. Você tem um propósito principal definido, sabe para onde está indo e está em movimento. Nada pode impedi-lo de sempre se mover em direção aos seus objetivos.

Agora repita estas palavras:

- *Eu ajo e me movimento persistentemente em direção aos meus objetivos.*
- *Eu ajo e me movimento persistentemente em direção aos meus objetivos.*
- *Eu ajo e me movimento persistentemente em direção aos meus objetivos.*
- *Eu ajo e me movimento persistentemente em direção aos meus objetivos.*
- *Eu ajo e me movimento persistentemente em direção aos meus objetivos.*
- *Eu ajo e me movimento persistentemente em direção aos meus objetivos.*
- *Eu ajo e me movimento persistentemente em direção aos meus objetivos.*
- *Eu ajo e me movimento persistentemente em direção aos meus objetivos.*

INICIATIVA PESSOAL

- *Eu ajo e me movimento persistentemente em direção aos meus objetivos.*
- *Eu ajo e me movimento persistentemente em direção aos meus objetivos.*

7

Autodisciplina

Ao iniciar este capítulo, vou esboçar alguns benefícios definidos que você receberá ao dominar o princípio da autodisciplina. Se você seguir as instruções para usar esse princípio, sua imaginação ficará muito mais alerta, seu entusiasmo se tornará mais ávido, sua iniciativa se tornará mais eficiente, sua autoconfiança aumentará, a sua capacidade de visão será ampliada e seus problemas se desmancharão como uma pedra de gelo ao sol do meio-dia. Você olhará para o mundo com outros olhos. Sua personalidade se tornará mais magnética, e você descobrirá que as pessoas que o ignoraram ou menosprezaram anteriormente passarão a observá-lo. Suas esperanças e ambições ficarão mais fortes, e sua fé se tornará mais poderosa.

Essa é uma boa escalação para o time de qualquer um, não é? Posso prometer tudo isso a você, porque não há um único requisito para o sucesso individual que seja tão importante quanto a autodisciplina.

Autodisciplina significa tomar posse da própria mente. Você já viu esse tema repetidamente ao longo deste livro, não viu? Agora estamos no ponto em que você une os outros princípios que estudamos e observa a relação entre eles, como os elos de uma corrente.

Todos os princípios desta filosofia têm o propósito expresso de permitir que você desenvolva o controle sobre si mesmo, que é essencial para o sucesso. Se você pudesse fazer isso com apenas um princípio ou uma lição, os outros, é claro, seriam eliminados.

Você está estudando agora a lição conhecida como o gargalo pelo qual todo o seu poder pessoal para o sucesso deve fluir. A palavra *gargalo*, como usada aqui, indica um corredor controlado, que canaliza todos os riachos de poder que você tem formando um rio com um fluxo suave e grande capacidade.

Sua mente é um poço de ideias. Isso mesmo, um poço de ideias – um reservatório no qual você vem criando e acumulando energia potencial. Agora você vai aprender como liberar esse poder em quantidades precisas e nas direções específicas para melhor realizar seus propósitos.

Por meio da autodisciplina, o poder disponibilizado por cada um dos outros princípios desta filosofia condensa-se e fica pronto para a aplicação prática em seu cotidiano. Para usar uma analogia grosseira, você vem construindo um automóvel que irá levá-lo de onde está agora para onde deseja ir. Você selecionou um objetivo principal definido com base em uma motivação convincente, esse é o seu mecanismo de direção. Você adotou a estratégia mestra de andar uma milha a mais, o que lhe garante a cooperação de outras pessoas, que são como uma espécie de transmissão. Você se associou, ativa e harmoniosamente, com outras pessoas por meio de uma aliança de MasterMind, o que lhe dá uma espécie de chassi. Você aprendeu a receber o poder da Inteligência Infinita e a concentrá-lo em seu objetivo por meio da fé aplicada, que lhe servirá como uma fonte de combustível. Você tem a fagulha de um desejo ardente. Agora, está aprendendo a coordenar todas essas unidades, transformando-as em um automóvel que funcione suavemente, mas com um motor de potência ilimitada.

A autodisciplina começa com o domínio do pensamento. Se você não controlar seus pensamentos, não poderá controlar suas ações; portanto, de forma mais simples, a autodisciplina faz com que você pense primeiro e aja depois. Quase todo mundo faz exatamente o inverso disso. A maioria das pessoas age primeiro e pensa depois, se pensar.

A autodisciplina lhe dá controle total sobre as quatorze principais emoções, das quais sete são positivas e sete são negativas. As sete emoções positivas são: amor, sexo, esperança, fé, entusiasmo, romance e desejo. As sete emoções negativas são: medo, ciúme, ódio, vingança, ganância, raiva e superstição. Agora você pode compreender o valor de eliminar ou transformar as sete emoções negativas e de exercitar as sete emoções positivas da maneira que desejar.

A maioria das pessoas permite que as emoções governem sua vida; na verdade, elas governam grande parte do mundo. Mas todas essas emoções são estados mentais e, portanto, estão sujeitas ao seu controle e à sua orientação. Você pode ver, instantaneamente, como as sete emoções negativas podem ser perigosas se não forem dominadas. As sete emoções positivas também podem ser destrutivas se não forem organizadas e liberadas sob seu completo controle consciente.

Um motivo impulsionador é o verdadeiro ponto de partida de todas as conquistas. Tudo o que um homem faz gira em torno da principal motivação positiva por trás de seu objetivo principal definido na vida. Esse motivo deve ser tão forte que o force a subordinar todos os seus pensamentos e esforços na realização desse propósito.

Muitas pessoas ficam confusas entre um motivo verdadeiro e um mero desejo. Desejar não traz sucesso. Se isso acontecesse, todos teriam um sucesso estrondoso, porque todas as pessoas, é claro, têm desejos. Elas desejam tudo na Terra e até na Lua, mas seus desejos e devaneios não significam nada até serem atingidos por uma chama incandescente de desejo baseada em um motivo convincente e definido. Esse motivo deve se tornar a influência dominante na mente do indivíduo. Deve assumir proporções obsessivas, que o induzirão à ação.

Autodisciplina é uma questão de adotar hábitos construtivos e significa o domínio completo de seus hábitos de pensamento e de seus hábitos físicos. Estou prestes a dar-lhe um dos princípios mais importantes relacionados com a autodisciplina. É tão importante que, se você não aprender mais nada com este capítulo, ele lhe servirá pelo resto de sua vida e o ajudará a evitar a maioria das situações sérias que homens e mulheres que não têm essa chave para a compreensão enfrentam: *A autodisciplina exige um equilíbrio entre as emoções de seu coração e a capacidade de raciocínio de sua cabeça.* Você deve aprender a consultar tanto seus sentimentos quanto a sua razão ao tomar decisões relativas às grandes circunstâncias de sua vida.

Às vezes, você achará necessário deixar as suas emoções inteiramente de lado e seguir as ordens de sua razão. Outras vezes, decidirá a favor de suas emoções, modificadas pelo conselho da razão. Alguns homens que você provavelmente conhece têm tão pouco controle sobre suas emoções amorosas que são como massa de vidraceiro nas mãos de uma mulher.

Se alguém me perguntar se não seria mais seguro e sábio controlar a vida utilizando apenas o raciocínio, deixando as emoções fora da tomada de decisões e dos planos, devo responder "não" a essa pergunta. Mesmo se fosse possível, seria muito imprudente, porque as emoções fornecem a força motriz, a força de ação que permite ao homem colocar em operação as decisões da cabeça. As emoções são a fonte do maior poder do homem. Se você destruísse a esperança e a fé, para que viver? Se eliminasse o entusiasmo, a lealdade ou o desejo de realização, não teria mais nada além da razão, mas de que adiantaria? A cabeça estaria ali para dirigir, mas não teria nada para dirigir.

Até agora mencionei apenas as emoções positivas, mas as negativas também podem ser controladas e transmutadas em uma força motriz construtiva. A autodisciplina pode remover a mordacidade dessas emoções e fazê-las servir a um propósito útil: como você sabe, às vezes o medo e a raiva inspiram ações intensas. Mas todas as ações decorrentes dos impulsos emocionais negativos devem sofrer a influência modificadora da mente, para que sejam guiadas corretamente.

Quero explicar outra ideia importante sobre esse equilíbrio entre a cabeça e o coração. Ela diz respeito à determinação ou ao ego. Discutirei isso mais adiante neste capítulo, mas aqui quero salientar que a determinação deve ser o juiz de qualquer situação ou circunstância e tem a palavra final sobre quem deve prevalecer: se é a razão ou a emoção. A autodisciplina deve incluir um arranjo no qual o ego ou a determinação possam colocar seu peso do lado das emoções ou do raciocínio, e possam amplificar a intensidade com que qualquer um deles é expressado.

Veja, tanto a cabeça quanto o coração precisam de um mestre, e eles podem encontrá-lo na determinação. O ego, agindo por meio da vontade, atua como juiz principal, mas apenas para a pessoa que deliberadamente treinou seu ego para esse trabalho, por meio da autodisciplina. Na ausência da autodisciplina, o ego cuida de seus próprios interesses e deixa a cabeça e o coração travarem suas batalhas como quiserem. Nesse caso, o indivíduo, muitas vezes, fica seriamente magoado. Precisamos de autodisciplina para controlar as emoções, especialmente no caso de quatro outros itens da lista: consumo de comida e bebida, atitude mental, uso do tempo e definição de propósito.

Agora, sobre a atitude mental: em todas as lições, enfatizei repetidamente a importância de uma atitude mental positiva como sendo o único estado de espírito em que você consegue ter definição de propósito, induzir qualquer outra pessoa a cooperar com você ou atrair o poder da Inteligência Infinita na aplicação de sua fé. Uma atitude mental positiva é a primeira e a maior das doze riquezas da vida. Sem ela, é impossível desfrutar de qualquer uma das outras riquezas.

De fato, sete das doze grandes riquezas da vida são diretamente atribuídas à autodisciplina: atitude mental positiva, harmonia nas relações humanas, ser livre do medo, esperança de realização, capacidade de ter fé, mente aberta para todos os assuntos e boa saúde física. Neste ponto, não deveria ser necessário insistir na importância de ter um propósito principal definido. Você viu que ele é o começo de todas as conquistas quando está relacionado a um motivo fortemente convincente.

Se você ainda não decidiu o que quer da vida, agora é a hora de agir. Volte e estude o primeiro capítulo. Escreva seu objetivo principal e seus planos para alcançá-lo. Esse é o primeiro passo para a autodisciplina. Saiba que mesmo a Inteligência Infinita, por mais poderosa que seja, não pode ajudá-lo se você não decidir o que quer e para onde está indo.

Mais cedo ou mais tarde, você chegará ao ponto em que desejará fazer algo maior e melhor do que jamais fez antes. Quando chegar a esse ponto, será desencorajado por algumas pessoas ao seu redor, que dirão que seu plano é tolo ou está além da sua capacidade. Você encontrará mais pessoas dispostas a derrubá-lo por meio do desencorajamento do que pessoas que irão elogiá-lo ou inflar seu ego. Claro, a melhor maneira de evitar tal desencorajamento é não confiar em ninguém além daqueles que têm simpatia genuína pela sua causa e compreensão de suas possibilidades. Caso contrário, guarde seus planos para si mesmo. Deixe suas ações falarem por você. Adote o lema "Ações, não palavras".

Agarre-se aos princípios desta filosofia e aplique-os a si mesmo. As seis divisões ou departamentos da mente que estão sujeitos ao controle do indivíduo são:

1. O ego. Esta é a sede da determinação e atua como uma corte suprema, com o poder de reverter, modificar, mudar ou eliminar todo o trabalho de todos os outros departamentos da mente.

2. As emoções. Aqui é gerada a força motriz que coloca os pensamentos, planos e propósitos em ação.

3. Razão. É aqui que se pode pesar, estimar e avaliar adequadamente os produtos da imaginação e das emoções.

4. Imaginação. Aqui são criadas as ideias, os planos e métodos para atingir os fins desejados.

5. Consciência. É aqui que você pode testar a justiça moral de seus pensamentos, planos e propósitos.

6. Memória. Ela serve como guardiã dos registros de todas as experiências, e também como um arquivo para todas as percepções sensoriais e inspirações da Inteligência Infinita.

Quando esses departamentos da mente estão coordenados e adequadamente guiados pela autodisciplina, eles permitem que a pessoa trilhe seu caminho pela vida com o mínimo de oposição de outros.

Depois de estudar essa imagem da mente e perceber a tragédia que representa negligenciar a autodisciplina, muitos alunos me fazem a pergunta lógica: por que uma fonte tão maravilhosa de poder pessoal é tão negligenciada? Com toda a modéstia, devo responder que esse direito de controle sobre a mente foi negligenciado porque, até o momento em que Andrew Carnegie me encarregou de organizá-lo, ninguém nos tempos modernos havia fornecido ao mundo uma filosofia prática que incorporasse todos os elementos essenciais de uma vida bem conduzida. Em seus negócios, o grande construtor da indústria (e maior fabricante de homens) aprendeu sobre a enorme necessidade de uma filosofia como esta. Como já disse, sou humildemente grato por ter sido o instrumento pelo qual essa necessidade foi atendida.

Você fica sem desculpas para o fracasso, porque tem em mãos todos os fatos essenciais para atingir um propósito elevado. Se um homem coordena os seis departamentos de sua mente e os coloca sob sua autodisciplina, ele tem mais poder do que a maioria das pessoas sonha.

Imagine-se forte e confiante, mas calmo e compreensivo. Não importa o que possa acontecer para irritá-lo ou desencorajá-lo, você permanece o tempo todo cuidadoso, determinado e resoluto na direção de seu propósito. Agora repita estas palavras:

- *Eu penso antes de agir.*
- *Eu penso antes de agir.*
- *Eu penso antes de agir.*
- *Eu penso antes de agir.*
- *Eu penso antes de agir.*
- *Eu penso antes de agir.*
- *Eu penso antes de agir.*
- *Eu penso antes de agir.*
- *Eu penso antes de agir.*
- *Eu penso antes de agir.*

8

Atenção controlada

O sucesso, nos níveis mais elevados de realização individual, é alcançado pela aplicação do poder do pensamento, devidamente organizado e dirigido para fins definidos. E poder, seja poder de pensamento ou poder físico, é obtido pela concentração de energia. A concentração em um propósito principal projeta uma imagem clara desse propósito no subconsciente e a mantém lá até que ele assuma o controle e a ponha em prática. Assim, podemos definir oração como a concentração em um objetivo definido e nos mais estritos hábitos de autodisciplina, por meio dos seguintes fatores:

1. Definição de um propósito, um ponto de partida.

2. Imaginação, que ilumina e espelha o objeto de seu propósito na mente de maneira tão clara que sua natureza não pode ser confundida.

3. A emoção do desejo ativada até que atinja a proporção de um desejo ardente, que não poderá ter sua realização negada.

4. Fé na realização do propósito, adquirida pela crença em sua realização, uma crença tão forte que a pessoa já pode ver seu propósito realizado.

5. Determinação aplicada continuamente em apoio à fé.

O subconsciente capta a imagem transmitida a ele e a leva à sua conclusão lógica, por quaisquer meios práticos disponíveis. A atenção controlada leva à maestria em qualquer tipo de empreendimento humano, porque permite concentrar os poderes de sua mente na obtenção de um objetivo definido e mantê-la assim direcionada sempre que quiser. A atenção controlada é o autocontrole em seu nível mais elevado, porque o homem que controla a própria mente pode controlar tudo o que estiver em seu caminho. Harriet Beecher Stowe estava pensando nesse tipo de controle quando disse: "Quando você entrar em um lugar apertado e tudo estiver contra você, e parecer que você não pode aguentar nem mais um minuto, não desista, pois esse é o lugar e o momento em que a maré irá virar".

Como parte de nossa descrição, chamamos sua atenção para uma lei da natureza que diz que semelhante atrai semelhante, também conhecida como lei da atração. Por meio dela, forças e coisas que são adequadas às necessidades umas das outras no grande esquema da vida tendem, naturalmente, a caminhar juntas. Vemos essa lei em operação em relação à vegetação que cresce no solo. Por algum processo estranho e desconhecido, essa lei consegue reunir os elementos minerais e químicos do solo e combiná-los com as unidades de energia do ar para produzir tudo o que cresce do solo – o meio pelo qual toda a vida nesta Terra é mantida.

Quando consideramos os relacionamentos entre os homens, frequentemente encontramos uma situação em que a lei da atração é desconsiderada, e forças hostis da energia do pensamento muitas vezes perturbam a harmonia. Às vezes, isso acontece por desconhecimento da lei da atração, às vezes como resultado da permissão deliberada de pensamentos negativos, que são destrutivos e contrários à lei da atração. A pessoa que dominou os dezessete princípios desta filosofia e criou o hábito de aplicá-los em todas as suas relações pessoais se beneficia da lei da atração por ter condicionado a mente a atrair apenas as pessoas e as coisas materiais que deseja. Além disso, eliminou de sua própria mente todas as emoções conflitantes, como medo, inveja, ganância, ódio, ciúme e dúvida, e assim preparou sua mente para aplicar o princípio da atenção controlada.

Grandes conquistas vêm de mentes que estão em paz consigo mesmas. Ter a mente em paz não é uma questão de sorte, é um bem inestimável, que só pode ser alcançado pela autodisciplina baseada na atenção controlada. A atenção controlada é muito diferente do interesse casual. Ela é alcançada apenas pela mais estrita autodisciplina, baseada na definição de um propósito.

A pessoa começa a utilizar a atenção controlada sabendo exatamente o que deseja alcançar com ela, então prossegue saturando sua mente com esse desejo, dando-lhe preferência sobre todos os outros pensamentos e lembrando-a repetidamente por meio de discussões em grupos de MasterMind, bem como pelo pensamento individual. Simplificando, controla-se a atenção sobre determinado assunto pensando nele, falando dele, comendo com ele, bebendo com ele, dormindo com ele e, assim, tornando-o uma obsessão dia e noite. Dessa maneira, o objeto de nosso desejo é imposto ao subconsciente, aquela faculdade incomum que funciona até mesmo enquanto a pessoa dorme. Por fim, o subconsciente assume o controle sobre esses desejos obsessivos e os transforma em planos práticos pelos quais poderão ser alcançados, enviando os planos à mente consciente na forma de ideias que surgem em momentos inesperados.

Agora devo revelar uma verdade que pode chocar você: todo homem bem-sucedido que conheci desenvolveu sua capacidade de atenção controlada de uma maneira que se assemelha à auto-hipnose. Como afirmamos anteriormente, a pessoa se torna influenciada e faz parte das circunstâncias dominantes em seu ambiente diário. O meio pelo qual isso ocorre é conhecido como autossugestão: são sugestões que o indivíduo faz a si mesmo, consciente ou inconscientemente. A autossugestão registra na memória cada pensamento expressado, tornando-o parte de seu caráter, seja esse pensamento positivo ou negativo. Ela registra cada palavra falada dentro de seu campo de alcance e dá um significado positivo ou negativo de acordo com a reação da pessoa. A autossugestão registra as reações de pensamento de um homem a tudo que ele vê ou reconhece por meio de qualquer um dos cinco sentidos, bem como as sensações que ele capta do ambiente físico.

Os objetos nos quais um homem deliberadamente concentra sua atenção tornam-se as influências dominantes de seu ambiente.

ATENÇÃO CONTROLADA

Se seus pensamentos estão fixados na pobreza ou nos sinais físicos da pobreza, essas influências são transferidas para sua mente subconsciente por meio da autossugestão. A autossugestão funciona exatamente da mesma maneira quando os pensamentos dominantes de alguém estão fixados, por meio da atenção controlada, à riqueza e à segurança econômica. Portanto, quando um homem voluntariamente fixa a atenção em um objetivo principal definido de natureza positiva e, por meio de seus hábitos diários de pensamento, força a mente a se debruçar sobre esse assunto, ele condiciona seu subconsciente a agir com esse objetivo.

A atenção controlada, quando focada no objeto de seu maior propósito definido, é um meio pelo qual se faz uma aplicação positiva do princípio da autossugestão. Não há outros meios pelos quais isso possa ser feito. A diferença entre atenção controlada e atenção sem controle é muito grande. Equivale à diferença entre alimentar a mente com pensamentos que produzirão o que se deseja ou permitir que a mente, por negligência, se alimente de pensamentos que produzirão o que não se deseja. A mente nunca permanece inativa, nem mesmo durante o sono. Ela funciona continuamente reagindo às influências que a atingem. Portanto, o objetivo da atenção controlada é manter a mente ocupada com pensamentos que possam ser úteis para alcançar seu objeto de desejo.

A atenção controlada pode ser comparada a um jardineiro que mantém seu terreno fértil e livre de ervas daninhas para que possa produzir alimentos saudáveis. Essa comparação é perfeita, pois sabemos que, ao negligenciar o cuidado em manter a mente cheia de pensamentos positivos, teremos como resultado uma mente cheia de ervas daninhas – o que não queremos.

Um indivíduo deve assumir o controle de sua mente e, com a atenção controlada, nutri-la com o tipo de alimento que deseja reproduzir, ou então deve pagar o preço por ter sua mente tomada pelas influências negativas de seu ambiente. Não há meio-termo entre essas duas situações. Ou ele toma o controle da própria mente e a direciona para a realização do que deseja, ou sua mente o controla e lhe dá quaisquer que sejam as circunstâncias da vida. A escolha, no entanto, está no controle de cada ser humano. O fato de que o poder do pensamento é a única coisa sobre a qual qualquer ser humano tem o direito de controle completo sugere o enorme potencial disponível por meio do exercício dessa profunda prerrogativa.

Uma vez que esse princípio de autossugestão é entendido, será fácil perceber por que a mente deve ser mantida ocupada o tempo todo na busca por um propósito definido maior. Isso mantém a mente afastada do mal e a força a trabalhar em prol, e não contra o indivíduo. Um famoso psicólogo descreveu esse princípio de funcionamento perfeitamente: "A autossugestão é uma ferramenta com a qual abrimos uma trilha mental no cérebro". A atenção controlada é a mão que segura essa ferramenta. O hábito é o mapa ou o esquema que a trilha mental segue.

Para que um desejo, ou ideia, seja transformado em ação, ele deve ser mantido na mente consciente até que o hábito lhe dê uma forma permanente. A partir daí a autossugestão faz o resto, transferindo o padrão para o subconsciente, onde é controlado e automaticamente levado à sua conclusão lógica, por quaisquer meios práticos disponíveis.

Visualize-se, vívida e emocionalmente, já sendo a pessoa que deseja ser e já tendo as coisas que deseja. Mantenha esse pensamento maravilhoso em mente. Concentre-se nessa sensação estimulante. Repita estas palavras várias vezes ao dia:

- *Para mim, é muito fácil e estimulante concentrar todos os meus pensamentos em uma coisa: meu objetivo.*
- *Para mim, é muito fácil e estimulante concentrar todos os meus pensamentos em uma coisa: meu objetivo.*
- *Para mim, é muito fácil e estimulante concentrar todos os meus pensamentos em uma coisa: meu objetivo.*
- *Para mim, é muito fácil e estimulante concentrar todos os meus pensamentos em uma coisa: meu objetivo.*
- *Para mim, é muito fácil e estimulante concentrar todos os meus pensamentos em uma coisa: meu objetivo.*
- *Para mim, é muito fácil e estimulante concentrar todos os meus pensamentos em uma coisa: meu objetivo.*
- *Para mim, é muito fácil e estimulante concentrar todos os meus pensamentos em uma coisa: meu objetivo.*
- *Para mim, é muito fácil e estimulante concentrar todos os meus pensamentos em uma coisa: meu objetivo.*
- *Para mim, é muito fácil e estimulante concentrar todos os meus pensamentos em uma coisa: meu objetivo.*
- *Para mim, é muito fácil e estimulante concentrar todos os meus pensamentos em uma coisa: meu objetivo.*

9

Entusiasmo

A palavra entusiasmo deriva do grego – *en* e *theos* –, que significa literalmente "em deus". O entusiasmo vem de dentro, embora se irradie para fora pela expressão da voz e pelo semblante. O entusiasmo é a utilização do deus que existe dentro de você e a capacidade de explorar essa grande fonte interior de inteligência. Não é nada mais nada menos do que a fé em ação.

Sentimento inspirado, o entusiasmo muitas vezes é confundido com animação. Esses são sentimentos bem diferentes, e devemos entender essa distinção. O sentimento de animação pode ser alcançado rapidamente em um encontro pré-jogo ou em uma reunião de vendedores, por ter influência externa sobre o indivíduo. Você pode facilmente alcançar esse sentimento cantando, correndo ao redor da casa, pulando, gritando ou por meio de autocontrole. Contudo, o sentimento de animação pode ser rapidamente perdido. Você pode ligá-lo ou desligá-lo como faz com a luz elétrica. O entusiasmo, do tipo que estamos falando aqui, é difícil de parar. Não pode ser ligado ou desligado à vontade. Essa fé em ação fará com que um vendedor supere praticamente qualquer obstáculo que possa encontrar, podendo realizar o impossível.

O entusiasmo coloca em prática a premissa de que tudo o que a mente do homem pode conceber e acreditar, ela pode alcançar. O entusiasmo faz com que a pessoa brilhe. Essa sensação é contagiante. Ele será percebido imediatamente por seu potencial cliente e por outras pessoas que entrarem em contato com você, e eles refletirão esse sentimento de volta para você, como seus próprios sentimentos. Todo vendedor de sucesso deve ter entusiasmo. Sim, toda pessoa de sucesso deve ter entusiasmo.

Como disse o autor Henry Chester: "O entusiasmo é um dos maiores bens do homem. É melhor do que dinheiro, poder e influência". Sozinho, o entusiasta convence e domina onde a riqueza acumulada por um pequeno exército de trabalhadores dificilmente suscitaria o mínimo interesse. O entusiasmo esmaga o preconceito e a rivalidade, rejeita a falta de ação, toma conta e engole todos os obstáculos. É nada mais nada menos do que fé em ação.

Fé e iniciativa, quando bem combinadas, removem barreiras enormes e alcançam o inédito e o miraculoso. Deixe a semente do entusiasmo vir à tona em sua fábrica, em seu escritório ou em sua fazenda. Leve-a em sua atitude e em suas maneiras e ela se espalhará e influenciará a tudo e a todos, antes que você perceba. Isso significa aumento na produção e diminuição nos custos. Significa alegria, prazer e satisfação para seus trabalhadores. Significa vida – real, viril. Significa resultados fundamentais espontâneos, elementos vitais que pagam grandes dividendos ao longo da vida.

O entusiasmo tem a mesma relação com o ser humano que o fogo tem com uma caldeira a vapor. Concentra os poderes da mente e lhes dá as asas da ação. Todo filósofo e pensador já descobriu que o entusiasmo acrescenta significado às palavras e muda o significado das ações. Alguns descobriram que ele proporciona maior poder aos pensamentos, bem como às palavras ditas. O entusiasmo é fruto da motivação. Dê a um homem o desejo ardente de alcançar um fim definido, e um motivo determinado por trás desse desejo, e eis que a chama do entusiasmo começará a arder dentro dele, e as ações adequadas surgirão imediatamente.

O autor motivacional Orison Swett Marden disse: "Um homem continuará sendo um catador de papelão enquanto tiver apenas a visão de um catador de papelão". Ele poderia ter dito: "Se ele tiver apenas o entusiasmo de um catador de papelão", pois era a esse tipo de sentimento que se referia. "Nossa atitude mental, o desejo do nosso coração", explicou ele, "são nossa súplica perpétua, a qual a natureza responde. Ela acredita que realmente desejamos aquilo e nos ajuda a conseguir." Ele poderia ter se expressado da seguinte maneira: "A natureza acredita que desejamos aquilo pelo qual sentimos maior entusiasmo".

Outra autora, Lilian Whiting, captou o espírito e o significado do entusiasmo quando afirmou: "Ninguém alcança o sucesso até que tenha uma vida abundante. Isso se constitui de múltiplas atividades de energia, entusiasmo e alegria. É uma mola para enfrentar o dia com a emoção de estar vivo. É ir ao encontro da manhã com o êxtase de alegria. É perceber a singularidade da humanidade com verdadeira compaixão espiritual".

O entusiasmo é uma força, porque é o instrumento pelo qual as adversidades, os fracassos e as derrotas temporárias podem ser transformados em uma ação respaldada pela fé. Talvez essa seja a verdade mais impressionante apresentada por meio da filosofia da realização individual. Pode ser profundamente impressionante perceber que a tristeza e a adversidade podem ser transmutadas em um entusiasmo motivador, com força suficiente para permitir a superação de todas as dificuldades.

Aqueles que são interessados em metafísica sabem que as circunstâncias materiais não significam nada para a pessoa que sabe como ativar esse entusiasmo quando quer, que as circunstâncias materiais se moldam para se adequar ao estado mental de uma pessoa tão naturalmente quanto a água desce as colinas obedecendo à lei da gravidade. O metafísico sabe que a morte de um amigo ou ente querido não traz, necessariamente, apenas tristeza; pode servir de inspiração para esforços mais nobres e pensamentos mais profundos, por meio da transformação do sentimento dessa emoção.

O poder do pensamento é o único mistério não resolvido do mundo. Não encontramos nenhuma evidência da existência de energia, exceto dessa forma. Não é negativa nem positiva, mas toda a energia pode ser aplicada de forma negativa ou positiva.

O pensamento é uma expressão de energia. Ele é igualmente poderoso quando expressado tanto de forma negativa quanto positiva. Portanto, a energia do pensamento usada para expressar um sentimento de grande tristeza, perda ou decepção pode ser transmutada em expressão positiva e inspirar esforços nobres. Essa transformação depende inteiramente do controle das emoções – daí a necessidade de adquirir o hábito da expressão voluntária do entusiasmo.

Existe apenas um tipo de energia de pensamento, mas podemos dar a ela vários tipos de expressões, tanto negativas quanto positivas, ou uma combinação de ambas. Raciocinando sobre essa simples premissa, pode-se ver, facilmente, que qualquer emoção negativa pode ser transformada em um sentimento positivo útil. Com essa possibilidade pode-se encontrar a mais profunda aplicação do entusiasmo.

A mesma energia que traz a dor da tristeza pode ser convertida e transformada na alegria da ação criativa em conjunto com um propósito maior definido ou mesmo algum propósito menor. É aqui que a autodisciplina vem em nosso auxílio, pois somente a pessoa autodisciplinada consegue transformar tristeza em alegria.

O entusiasmo controlado aumenta a vibração do pensamento e deixa a faculdade da imaginação mais alerta; limpa a mente das emoções negativas, transformando-as em emoções positivas, preparando assim o caminho para a expressão da fé; ajuda a normalizar o funcionamento dos órgãos digestivos; dá um tom agradável e convincente à voz; elimina a dificuldade do trabalho; deixa a personalidade mais atraente; inspira autoconfiança; auxilia na manutenção de uma boa saúde física; dá a forma necessária aos desejos e influencia o subconsciente a agir com prontidão sobre esses desejos; inspira entusiasmo nos outros, pois é tão contagioso quanto o sarampo ou a coqueluche.

O entusiasmo transforma um assistente, responsável apenas por anotar pedidos, em um vendedor profissional. Nunca existiu um vendedor digno de tal título que não pudesse acionar seu entusiasmo sempre que quisesse e que não fosse capaz de mantê-lo enquanto desejasse. O entusiasmo remove a monotonia e o tédio do discurso, ao estabelecer harmonia entre o orador e o público; portanto, é uma qualidade indispensável para qualquer pessoa cuja ocupação dependa da oratória para chegar ao sucesso. O orador entusiasmado consegue assumir o controle do público sempre que quiser.

O entusiasmo dá brilho às palavras e desenvolve uma memória mais alerta. Por ser uma espécie de irradiação do espírito, o entusiasmo está intimamente relacionado – ou pelo menos sintonizado – à Inteligência Infinita, mas, de longe, as mais importantes funções do entusiasmo são servir como o principal fator na conversão de emoção negativa em positiva e preparar a mente para o desenvolvimento e a expressão da fé. Comparadas a essas, todas as outras funções do entusiasmo são irrelevantes. O entusiasmo é o fator de ação do pensamento. Quando ele é forte o suficiente, faz a pessoa agir de acordo com o motivo que a inspirou.

Para desenvolver o hábito do entusiasmo, ter um pensamento preciso é o *modus operandi* necessário para combinar as emoções do coração e o poder de raciocínio do cérebro, nas proporções que cada um exigir. O entusiasmo é, portanto, um fator essencial para o pensamento eficaz.

Podemos dar certos passos que levarão ao desenvolvimento do entusiasmo controlado:

1. Adote um objetivo principal definido, trace um plano para alcançá-lo e comece a trabalhar executando o plano agora, exatamente onde você está.

2. Apoie esse objetivo em uma motivação entusiasmada para alcançá-lo. Deixe esse querer se tornar um desejo ardente. Deixe que ele se espalhe, influencie e domine sua mente

o tempo todo. Deite-se com ele à noite e levante-se com ele pela manhã. Faça disso a base de todas as suas orações.

3. Escreva um relato claro de seu objetivo principal definido e do plano com o qual você espera alcançá-lo, juntamente com uma declaração do que você pretende dar em troca por sua realização.

4. Siga o plano com persistência, baseado em todo o entusiasmo que você pode gerar, lembrando que mesmo um plano fraco, quando aplicado persistentemente, é melhor do que um plano forte aplicado intermitentemente ou sem entusiasmo.

5. Mantenha-se o mais longe possível dos aniquiladores da alegria e dos pessimistas convictos. Sua influência é mortal. Substitua-os por associados que sejam otimistas e, acima de tudo, não mencione seus planos a ninguém, exceto àqueles que simpatizam com você, como os membros de sua aliança de MasterMind.

6. Se a natureza de seu objetivo principal definido assim o exigir, alie-se a outros de cuja ajuda você necessita, seguindo as instruções dadas no capítulo sobre MasterMind.

7. Se você for atingido por uma derrota temporária, estude seus planos com cuidado e, se necessário, mude-os, mas não mude seu objetivo principal por ter sofrido uma derrota.

8. Nunca deixe passar um dia sem dedicar algum tempo, mesmo que seja pouco, para realizar seus planos. Lembre-se de que você está desenvolvendo o hábito do entusiasmo, e os hábitos exigem repetição.

9. A autossugestão é um fator poderoso no desenvolvimento de qualquer hábito. Portanto, mantenha-se convencido de

que você alcançará o objetivo de seu propósito principal definido, não importa o quão longe você esteja dele.

A sua atitude mental determinará as ações de sua mente subconsciente necessárias para cumprir seu propósito. Mantenha sua mente sempre positiva, lembrando-se de que o entusiasmo prospera apenas em uma mente positiva. Ele não se misturará ao medo, à inveja, à ganância, ao ciúme, à dúvida, à vingança, ao ódio, à intolerância ou à procrastinação. O entusiasmo desenvolve-se em ação positiva produzida por uma mente positiva.

De agora em diante, você está sozinho, mas lembre-se de que cada pessoa vive em dois mundos: 1) o mundo de sua própria atitude mental, que é grandemente influenciada pelas pessoas próximas e pelo ambiente físico; e 2) o mundo físico, no qual se deve lutar para viver. As circunstâncias do mundo físico podem ser moldadas pela maneira como a pessoa se relaciona com seu mundo mental. É possível controlar o mundo mental, mas o mundo físico está além do nosso controle, exceto na medida em que atraímos a parte deste mundo que harmoniza com nossa atitude mental.

O entusiasmo é uma grande força que estimula a atitude mental e o mundo mental de uma pessoa. Dá poder ao seu propósito. Traz a harmonia para dentro da mente. Ajuda a libertar a mente de influências negativas. Desperta a imaginação e incita a ação de moldar as circunstâncias do mundo físico às necessidades de cada um. Um homem sem entusiasmo ou sem um objetivo maior definido assemelha-se a uma locomotiva sem vapor, sem trilhos por onde correr e sem um destino para alcançar.

O general Douglas MacArthur tinha isto a dizer sobre entusiasmo: "Você é tão jovem quanto sua fé, tão velho quanto suas dúvidas, tão jovem quanto sua autoconfiança, tão velho quanto seu medo, tão jovem quanto sua esperança, tão velho quanto seu desespero. Os anos podem deixar sua pele enrugada, mas abandonar o entusiasmo enruga sua alma".

Agora visualize-se explodindo de entusiasmo, poder e orgulho graças ao seu profundo e sincero conhecimento e convicção de que você está se movendo com sucesso em direção a seus objetivos. Repita estas palavras:

Eu fervilho com entusiasmo e poder.
Eu fervilho com entusiasmo e poder.
Eu fervilho com entusiasmo e poder.
Eu fervilho com entusiasmo e poder.
Eu fervilho com entusiasmo e poder.
Eu fervilho com entusiasmo e poder.
Eu fervilho com entusiasmo e poder.
Eu fervilho com entusiasmo e poder.
Eu fervilho com entusiasmo e poder.
Eu fervilho com entusiasmo e poder.

10

Imaginação

A imaginação é a chave para todas as realizações humanas, o norte de todo empenho humano, a porta secreta para a alma humana. A imaginação inspira esforço em conexão com coisas materiais e ideias associadas a elas.

A visão criativa vai além do interesse pelas coisas materiais: ela julga o futuro pelo passado e se preocupa mais com o futuro do que com o passado. A imaginação é influenciada e controlada pelos poderes da razão e da experiência. A visão criativa coloca ambos de lado e atinge seus objetivos por meio de novas ideias e métodos. A imaginação reconhece limitações, desvantagens e oposição. A visão criativa passa por cima disso como se não existisse e chega ao seu destino. A imaginação está assentada no intelecto do homem. A visão criativa tem sua base no espírito do Universo, que se expressa por meio do cérebro do homem.

Observe bem essas distinções se você quiser saber a diferença entre o gênio e o medíocre, pois o gênio é o produto da visão criativa, enquanto o medíocre é o produto da imaginação (ainda que, muitas vezes, carregue poder e atinja fins estupendos).

Os Estados Unidos da América precisam de visão criativa como nunca precisaram antes. As oportunidades para expressar a iniciativa pessoal nunca foram tão grandes como são neste momento. A nação tem bastante força e músculos, mas precisa, e muito, de uma expressão de inteligência.

Duas coisas são essenciais – talvez, mais do que todas as outras – para desenvolver e desdobrar a visão criativa: uma delas é uma vontade sincera de trabalhar, e a outra é uma razão definida que seja suficiente para inspirar a vontade de ir além, com uma atitude mental positiva. Os grandes líderes desta e das gerações passadas começaram suas carreiras com as mais humildes habilidades. Aplicando alguma combinação dos dezessete princípios da realização individual, eles prometeram a si mesmos alcançar os objetivos nos quais empenharam seu coração, e não reclamaram da falta de oportunidade.

Andrew Carnegie começou trabalhando ainda menino, responsável pelas bobinas em uma fábrica têxtil, com um salário de cinquenta centavos por dia. Charles M. Schwab, primeiro assistente do Sr. Carnegie, começou como motorista de carruagem e depois como trabalhador diarista em siderúrgicas, na Pensilvânia. Henry Ford começou como engenheiro em uma empresa de energia elétrica. Thomas A. Edison começou como jornaleiro e, mais tarde, assumiu o trabalho de telegrafista. A lista poderia ser aumentada para incluir praticamente todos os líderes que os Estados Unidos já produziram, e cada um deles começou a carreira em circunstâncias muito menos favoráveis do que aquelas que a maioria dos trabalhadores da indústria desfruta hoje, e com salários muito mais baixos.

Assim, o lugar onde um homem começa faz pouca diferença; o importante é: para onde ele está indo? O que ele observa mais de perto, o seu relógio ou os sinais de uma oportunidade de se tornar indispensável pela qualidade e quantidade do serviço que presta? Todo homem ambicioso deve se fazer essas perguntas e ter condições de respondê-las.

O homem que é abençoado com uma visão criativa sabe para onde está indo. Ele sabe o que deseja da vida. O homem com visão criativa sabe que só pode ter sucesso ajudando os outros a terem sucesso. Ele produz resultados em vez de justificativas. Se comete erros, assim como todos os homens, não tem medo de assumir a responsabilidade e nunca tenta transferir essa responsabilidade para outro. Ele toma decisões rapidamente, mas muda-as com a mesma rapidez quando percebe que tomou a decisão errada. Ele não tem medo dos outros, nem daqueles que ocupam posição superior ou inferior à dele, pois está em paz com sua consciência, é justo com seus semelhantes e honesto consigo mesmo.

A visão criativa não é uma qualidade miraculosa com a qual alguém é dotado ou não ao nascer. Ela pode ser desenvolvida. Se não fosse assim, este capítulo seria inútil. Realização pessoal, poder, fama e riqueza – cada um tem seu preço definido, e o homem com visão criativa não apenas conhece o preço, mas também está disposto a pagá-lo. Além disso, o homem com visão criativa compreende os benefícios de compartilhar suas bênçãos, experiências e oportunidades com os outros, pois reconhece que somente dessa maneira pode alcançar e desfrutar de prosperidade duradoura, felicidade e respeito dos outros.

Os produtos da imaginação e da visão criativa são muito diferentes. A História, desde os dias da queda do Império Romano até o presente, indica claramente que as nações começam o seu declínio quando a visão criativa deixa de ser a força dominante em seus líderes. Ainda existem muitos homens com visão criativa nos Estados Unidos, mas a maioria deles está envolvida em negócios e atividades industriais. Eles nos deram o maior sistema de livre-iniciativa que o mundo já viu, mas também precisamos de grandes estadistas para que nossa forma de governo e nosso sistema de livre-iniciativa sobrevivam. É verdade, como afirmou o grande filósofo, que o homem não vive só de pão. A América precisa de visão criativa em todos os campos de atuação, e os homens e mulheres que dominarem esta filosofia e aprenderem a aplicá-la certamente fornecerão uma porção generosa dessa visão, pela qual recompensas igualmente generosas os aguardam.

Homens de visão nos forneceram os meios pelos quais podemos apertar um botão quando o sol se põe e eis que a luz brilha novamente. Eles nos deram máquinas que gravam e reproduzem o som da voz humana com o simples pressionar de outro botão. Eles aproveitaram o éter sem limites e o fizeram servir como um meio de comunicação rápida entre os povos de todo o mundo. Com o mesmo dispositivo, fornecem a todos os lares em nossa Terra, dos menores aos maiores, as notícias do mundo assim que elas acontecem, bem como os melhores programas musicais, tudo sem custo. Eles inauguraram a grande era do aço, a era do automóvel, a era da eletricidade, a era dos arranha-céus, a era do avião e a era industrial, que tornaram os Estados Unidos o mais rico e o mais invejado país do mundo. Eles nos deram o melhor sistema de escolas públicas que a civilização já conheceu, e bibliotecas públicas onde podemos obter, sem custo, todo o conhecimento acumulado pela humanidade. E homens de visão lançaram as bases para todas essas bênçãos, colocando seus nomes no documento mais famoso já produzido pela humanidade – a Declaração de Independência dos Estados Unidos –, embora soubessem muito bem que estavam assinando um documento que poderia tornar-se ou sua sentença de morte ou uma permissão para a liberdade de todo o povo americano. Homens de visão colocaram um pedaço de vidro dentro de um tubo de metal, viraram-no para o céu e revelaram a presença de mundos que o olho humano nunca havia visto antes.

O poder é essencial para o sucesso duradouro – não o tipo de poder baseado na força, coerção e medo, mas o tipo produzido pela visão criativa. Essa verdade se aplica tanto a indivíduos quanto a grupos. A visão criativa pode ser uma qualidade inata da mente ou pode ser uma qualidade adquirida, pois pode ser desenvolvida pelo uso livre e destemido da faculdade da imaginação.

Existem dois tipos de imaginação. A primeira é a *imaginação sintética*, que combina ideias, conceitos, planos ou fatos reconhecidos e os reorganiza ou dá a eles um novo uso. Ideias genuinamente novas raramente são reveladas, e elas apenas são reveladas para aqueles com visão criativa. Quase toda ideia ou fato conhecido ou usado pela civilização moderna é apenas uma combinação de algo antigo que foi reorganizado em uma nova combinação.

O outro tipo de imaginação é a *imaginação criativa*, que tem base no subconsciente e serve como meio pelo qual novas ideias ou fatos são revelados, por meio do sexto sentido. Os psicólogos sabem que qualquer ideia, plano ou propósito que é repetidamente trazido à mente consciente e apoiado pela emoção é, automaticamente, captado pelo subconsciente e levado à sua conclusão lógica por meio de quaisquer meios práticos disponíveis.

A visão criativa está intimamente relacionada à fé, e aqueles que demonstraram maior quantidade de visão criativa foram indivíduos com grande capacidade de ter fé. Isso é compreensível quando reconhecemos que a fé é o meio pelo qual nos aproximamos da Inteligência Infinita, a fonte de todo conhecimento e de todos os fatos, grandes e pequenos.

A visão criativa de homens e mulheres que não temem a crítica tem sido a responsável pela civilização como a conhecemos, bem como pelas invenções científicas, pois inspira os homens a serem pioneiros e a experimentarem novas ideias, em todos os campos de atuação. Ela está sempre à procura das melhores formas de fazer o trabalho humano e suprir suas necessidades. A visão criativa pertence apenas a homens e mulheres que seguem o hábito de andar uma milha a mais, pois não reconhece horas de trabalho regulares, não se preocupa com compensação monetária, e seu objetivo maior é fazer o impossível. Quando a imaginação de um homem está voltada para o trabalho, suas mãos seguem o exemplo, pois a imaginação inspira o entusiasmo que faz de todo trabalho algo feito por amor.

Você pode precisar da visão criativa como uma força orientadora em sua vida. Se assim for, pode começar a desenvolvê-la acertando as contas com sua própria consciência, inspirando a si mesmo com maior autoconfiança, proporcionando a si mesmo um objetivo principal definido na vida, mantendo a mente completamente ocupada com esse objetivo, de modo que não terá mais tempo para o medo e a dúvida, e descobrindo quem você é, o que quer da vida e o que precisa dar em troca.

Por fim, você pode adotar o hábito da hora silenciosa, quando permanece quieto e ouve a voz que vem do seu interior, descobrindo assim o maior de todos os poderes – a visão criativa, – o único poder capaz de tirar uma pessoa do lado do fracasso e mandar para o lado do sucesso no rio da vida. Durante sua hora silenciosa, estará sozinho consigo mesmo e com seu Deus. Essa é uma hora que você não pode compartilhar com ninguém. Você deve ficar em silêncio, sozinho, por sua própria vontade. Depois de conseguir, deve falar por si mesmo. Ninguém pode falar por você e nada acontecerá a não ser o que você inspirou com sua própria iniciativa. Nada de grande importância acontecerá com você fora de sua hora de silêncio além do que você inspira com sua própria iniciativa pessoal, e a visão criativa inspira o desenvolvimento da iniciativa pessoal.

O trabalho sem imaginação tem um preço de mercado fixo para cada tipo de atividade. Quando misturado com imaginação, o valor do trabalho passa a ser ilimitado.

Imagine-se com um poder indomável, cheio de pensamentos positivos, atitude mental positiva e fé em estar alcançando seus objetivos. Você está relaxado e confiante. Três vezes ao dia, fique sozinho, quieto, completamente relaxado, e então pense e repita:

- *Ideias estão vindo até mim agora e me ajudarão a alcançar meu objetivo; eu as aceito com gratidão e felicidade.*
- *Ideias estão vindo até mim agora e me ajudarão a alcançar meu objetivo; eu as aceito com gratidão e felicidade.*

- *Ideias estão vindo até mim agora e me ajudarão a alcançar meu objetivo; eu as aceito com gratidão e felicidade.*

- *Ideias estão vindo até mim agora e me ajudarão a alcançar meu objetivo; eu as aceito com gratidão e felicidade.*

- *Ideias estão vindo até mim agora e me ajudarão a alcançar meu objetivo; eu as aceito com gratidão e felicidade.*

- *Ideias estão vindo até mim agora e me ajudarão a alcançar meu objetivo; eu as aceito com gratidão e felicidade.*

- *Ideias estão vindo até mim agora e me ajudarão a alcançar meu objetivo; eu as aceito com gratidão e felicidade.*

- *Ideias estão vindo até mim agora e me ajudarão a alcançar meu objetivo; eu as aceito com gratidão e felicidade.*

- *Ideias estão vindo até mim agora e me ajudarão a alcançar meu objetivo; eu as aceito com gratidão e felicidade.*

- *Ideias estão vindo até mim agora e me ajudarão a alcançar meu objetivo; eu as aceito com gratidão e felicidade.*

11

Aprendendo com a adversidade e com a derrota

O tema central deste princípio pode ser expresso por uma simples frase: *toda adversidade traz consigo a semente de um benefício equivalente a ela ou maior.*

A princípio, essa afirmação pode ser difícil de aceitar, mas vamos examinar a evidência de sua veracidade antes de tentarmos julgar sua solidez. Todos sabem que o fracasso e a dor física fazem parte da linguagem comum da natureza, com a qual ela fala com todos os seres vivos. Essa linguagem leva os seres humanos ao espírito de humildade para que possam adquirir sabedoria e entendimento.

A reviravolta para que alguém comece a obter sucesso nos níveis mais altos de realização geralmente é marcada por alguma derrota ou grande fracasso. Reconhecer esse fato pode, por si só, ser o ponto de virada mais importante na vida de alguém, porque pode levar à descoberta, surpreendente, de que a derrota temporária não precisa ser aceita como fracasso, e que a maioria dos acontecimentos que chamamos de fracassos representa apenas uma derrota temporária que pode acabar sendo uma bênção disfarçada.

Embora as circunstâncias da vida determinem que todos devem sofrer certa quantidade de derrotas temporárias, pode-se encontrar esperança no conhecimento de que cada derrota carrega consigo a semente de um benefício equivalente. Esse conhecimento permite que a pessoa modifique suas reações mentais em vez de aceitar a derrota como um fracasso permanente.

A derrota não é a mesma coisa que o fracasso, a menos que seja aceita como tal. "Nossa força", disse Emerson, "cresce da nossa fraqueza. Apenas quando somos furados, picados e duramente atingidos desperta-se em nós a indignação que se arma com forças secretas. Um grande homem está sempre disposto a ser pequeno. Enquanto estiver sentado na almofada das vantagens, ele vai dormir. Quando ele é pressionado, atormentado, derrotado, tem a chance de aprender algo. Ele é obrigado a usar sua inteligência, sua coragem. Ele aprendeu fatos, entendeu sua ignorância, está curado da insanidade da presunção. Ele tem moderação e habilidades reais."

Esses são os maiores benefícios da derrota. Eles foram citados por um grande pensador em termos que qualquer um pode entender e cuja solidez qualquer um pode testar com a própria experiência. A derrota, é claro, não promete a flor do benefício completamente desabrochada, apenas a semente de que algum benefício equivalente poderá ser obtido. A semente deve ser reconhecida; deve ser germinada, nutrida e cultivada pela definição de propósito. A semente só germinará por esses meios, pois aqui, como em toda parte, a natureza vê com desdém o esforço de obter algo em troca de nada.

Sim, há uma roda sobre a qual giram os assuntos dos homens e, embora impeça que alguém seja sempre afortunado, também impede que alguém seja sempre infeliz. Essa roda pode ser comparada a um grande rio, no qual metade flui em uma direção que leva todos os que nela entram para o sucesso inevitável, enquanto a outra metade flui na direção oposta e, definitivamente, leva todos os que nela entram para o fracasso e a derrota. O rio não é imaginário, é real. Ele pode muito bem ser chamado de rio da vida. Ele existe no poder do pensamento humano, habita na mente do homem e é o único poder sobre o qual os seres humanos receberam pleno e completo direito de controle incontestado e incontestável.

O lado do sucesso do rio da vida é alcançável por meio de determinação, fé aplicada, MasterMind e vontade de ir além, andar uma milha a mais – os quatro maiores entre os dezessete princípios da realização individual. Os bancos podem falir e levar consigo a fortuna de alguém; amigos e entes queridos podem falecer; problemas de saúde podem aparecer; trapaceiros podem roubar; e mentirosos podem destruir a reputação de um indivíduo e priválo de oportunidades favoráveis. As estações desfavoráveis podem destruir os frutos do trabalho de uma pessoa por meio de secas ou tempestades; crises nos negócios podem privar alguém de um emprego honesto. Todas essas e muitas outras circunstâncias inevitáveis – que, claramente, estão fora do controle imediato de uma pessoa – podem atingir e muitas vezes atingem os indivíduos.

No entanto, cada uma delas carrega consigo a semente de um benefício equivalente.

Perto de Fort Atkinson, Wisconsin, um fazendeiro chamado Milo C. Jones cuidava de uma pequena fazenda. Embora sua saúde física fosse boa, ele parecia incapaz de fazer a fazenda render mais do que o necessário para suprir suas necessidades básicas. Em certo momento da vida, ele foi surpreendido por uma circunstância inevitável, que a maioria dos homens receberia como fracasso: foi acometido por uma paralisia e ficou de cama, considerado por sua família como um inválido incurável. Durante semanas, ele permaneceu incapaz de mover um único músculo. Tudo o que lhe restava era sua mente, o grande poder ao qual ele tão raramente recorria, pois ganhara a vida com o uso da força física. Por pura necessidade, ele descobriu sua mente e começou a recorrer a ela. Quase imediatamente, descobriu a semente de um benefício equivalente que estava destinado a compensá-lo por seu infortúnio. Ele reconheceu a semente, germinou-a aplicando o princípio do MasterMind e a colocou em uso. A semente consistia em uma única ideia – uma ideia – que ele provavelmente nunca teria descoberto se não tivesse sido levado a isso por uma derrota temporária.

Depois que a ideia foi completamente organizada em sua mente, Jones chamou os seus familiares e contou a eles. "Não posso mais trabalhar com as mãos", começou ele, "então decidi trabalhar com a cabeça. Vocês substituirão as minhas mãos. Quero que vocês plantem cada acre de nossa fazenda com milho, e então comecem a criar porcos com o milho colhido. Esses porcos deverão ser abatidos ainda jovens e tenros, depois transformados em linguiças. Iremos chamá-las de 'Little Pig Sausage' e vendê-las diretamente para lojas de varejo em todo o país."

A família começou a trabalhar. Em poucos anos, o nome comercial "Little Pig Sausage" tornou-se familiar em lares de toda a América, e a família Jones tornou-se mais rica do que jamais havia sonhado. Milo C. Jones viveu para se tornar multimilionário, e toda a sua fortuna foi conquistada na mesma fazenda que, antes de seu infortúnio, só havia lhe rendido uma vida escassa. Ele havia trocado o lado do fracasso do rio da vida pelo lado do sucesso.

Uma longa doença, muitas vezes, força a pessoa a parar, olhar, ouvir e pensar. Assim, o indivíduo pode aproximar-se da voz mansa e delicada que fala dentro dele e fazer um levantamento das causas que o levaram à derrota e ao fracasso no passado. A morte de alguém amado, um amigo querido, cônjuge ou irmão, que parecia trazer nada mais do que a sensação de privação, mais tarde assume outro aspecto que nos guia. Comumente revoluciona nosso estilo de vida, encerra uma época da infância ou juventude que estava esperando para ser encerrada, rompe com uma ocupação indesejada, uma casa ou estilo de vida, ou permite a formação de relações mais favoráveis ao crescimento do caráter. Permite ou restringe a criação de novos relacionamentos e a recepção de novas influências que revelam ser de grande importância. O homem ou mulher que permaneceu como uma flor em um jardim ensolarado, sem espaço para suas raízes e muita luz do sol em sua cabeça, é, pela queda dos muros e descaso do jardineiro, feito a figueira gigante, dando sombra e frutos a muitos homens. Assim fala o filósofo, que determina as causas analisando seus efeitos, pois descobre que toda experiência humana, seja agradável ou desagradável, tem em si a semente de algo bom.

Abraham Lincoln, que muitos acreditam ter sido o maior cidadão americano, nasceu na pobreza e no analfabetismo.

As circunstâncias de seu nascimento e juventude estavam além de seu controle. Quando jovem, ele desejava ser comerciante, mas a adversidade o atingiu, bem como o xerife. Lincoln voltou-se para o estudo da lei, mas sua falta de habilidade era tanta que encontrou poucos clientes. Ele se juntou ao Exército, tornou-se capitão e foi enviado para lutar contra os índios no Oeste. Quando voltou, havia sido rebaixado ao posto de soldado e, alguns dizem, teve sorte por não ter sido submetido à corte marcial. Cada coisa que ele tocava se transformava em fracasso. Finalmente, foi surpreendido pelo maior infortúnio de sua vida quando Anne Rutledge, a mulher que ele realmente amava, faleceu. Essa adversidade atingiu profundamente a grande alma de Abraham Lincoln, e "o ninguém, de lugar nenhum" despertou as forças secretas que existiam dentro de sua alma e deu à luz o grande libertador americano. Na verdade, não existe fracasso, a menos que a circunstância seja aceita como tal.

Quando for atingido por circunstâncias que você considera fracassos, lembre-se de que você pode estar cara a cara com a reviravolta necessária em sua vida, a partir da qual pode mudar seu destino, seguir um novo caminho e adquirir nova coragem, nova visão e uma nova vontade de vencer.

Os benefícios compensadores do fracasso e da derrota, muitas vezes, não podem ser vistos ou reconhecidos como benefícios até que se olhe para as experiências após um período de tempo suficiente para proporcionar a cura das feridas. Um grande filósofo disse: "Deus nunca tira nada da sua vida sem substituir por algo melhor". A história da humanidade confirma a solidez dessa afirmação, e as forças da evolução, que levaram a civilização adiante, provam isso. O tempo, finalmente, corrige todos os males e todos os erros para aqueles que reconhecem que a adversidade, muitas vezes, ensina aos homens lições que só poderiam ser aprendidas na adversidade.

Teste esse princípio de aprender com a derrota e se beneficiar na adversidade com qualquer método que sua imaginação possa conceber. Compare-o com todas as evidências que possam estar à mão e ele permanecerá inabalável como um princípio sólido, tão inexorável quanto as leis que regem o Universo.

Apesar da solidez desse princípio, ninguém flerta com a adversidade ou com o fracasso; a maioria das pessoas deseja evitar o fracasso sempre que possível. Nem sempre se pode controlar os efeitos externos da derrota, quando ela envolve a perda de bens materiais ou causa danos a outras pessoas, mas pode-se controlar as próprias reações à experiência e lucrar com isso.

A derrota pode suplantar a vaidade e a arrogância com humildade de coração, abrindo caminho para a formação de relações humanas mais harmoniosas. A derrota pode fazer com que a pessoa adquira o hábito de realizar uma autorreflexão para descobrir qual fraqueza causou a derrota. A derrota pode levar ao desenvolvimento de uma força de vontade mais robusta, se for aceita como um desafio para um esforço maior e não como um sinal para parar de tentar. Esse, talvez, seja o maior potencial benéfico de todas as formas de derrota, porque a semente de um benefício equivalente que existe nas circunstâncias da derrota reside inteiramente na atitude mental ou na reação da pessoa em relação a ela. Isso está, portanto, sob seu controle.

A derrota pode romper relacionamentos indesejáveis com os outros e, assim, preparar o caminho para a formação de relacionamentos mais benéficos. Pouquíssimas pessoas têm a sorte de poder passar pela vida sem formar relações sociais, comerciais, profissionais ou ocupacionais que sejam prejudiciais aos seus próprios interesses e que possam ser rompidas sem que haja alguma forma de prejuízo.

Derrotas como a perda de entes queridos pela morte, o fim de um relacionamento amoroso ou a destruição de uma forte amizade podem levar a pessoa a poços mais profundos de sofrimento, onde ela pode descobrir forças espirituais que não havia percebido anteriormente. Essas experiências nos forçam a buscar consolo dentro da própria alma. Durante a busca, às vezes encontramos a porta que leva a um enorme reservatório de um poder oculto, que nunca teria sido revelado, a não ser pela derrota. Esse tipo de derrota muitas vezes desvia a atenção e as atividades dos valores materiais da vida e as direciona aos valores espirituais. Pode-se supor, portanto, que o Criador deu ao homem uma profunda capacidade de tristeza, para que pudesse influenciá-lo a aproveitar as forças espirituais de sua própria alma.

A pessoa que consegue passar por uma derrota tão grande que esmaga as emoções mais sutis e ainda evitar que sua alma seja sufocada por essa experiência pode se tornar um mestre no que escolher. Por meio de tais experiências se desenvolveram muitos dos grandes músicos, poetas, artistas, construtores de impérios e gênios literários do mundo. Os verdadeiros grandes artistas, nesses e em outros campos de atuação, alcançaram grandeza por meio de alguma tragédia que os apresentou às forças ocultas de seu próprio ser. Quando alguém encontra essas forças que surgem de dentro, é capaz de descobrir que essas forças podem ser transformadas em qualquer forma desejada de esforço criativo, em vez de servirem apenas para curar as feridas do coração. Essas forças podem levar a grandes níveis de realização individual com um espírito de humildade que, por si só, pode tornar alguém verdadeiramente gigante. O sucesso sem humildade de coração tende a ser apenas temporário e insatisfatório.

Se examinarmos os registros de homens e mulheres nas camadas sociais mais humildes, ficaremos convencidos de que aqueles que alcançaram sucesso são os que reconheceram a derrota como um impulso para uma ação maior e mais bem planejada. Descobriremos também que o sucesso individual geralmente é proporcional ao tamanho da derrota que o indivíduo experimentou e dominou. O homem que falha e continua lutando geralmente descobre uma fonte de visão criativa que lhe permite converter a derrota temporária em sucesso permanente. Aí reside o maior benefício da derrota. A derrota, como alguém afirmou, força um homem a decidir se ele é um homem ou um rato.

A derrota, muitas vezes, serve para mitigar a presunção de um homem, mas que ninguém se engane sobre a diferença entre presunção e autoconfiança, com base em um levantamento honesto do caráter de alguém. O homem que desiste quando a derrota o atinge indica, assim, que ele confundiu sua presunção com autoconfiança. Se um homem tem uma autoconfiança genuína, ele também tem um caráter sólido, pois um evolui do outro, e o caráter sólido não cede à derrota sem luta. O homem com um objetivo maior definido, fé e determinação pode, por causa de circunstâncias que estão além de seu controle, ser ocasionalmente arrastado para o lado do fracasso desse grande rio da vida, mas ele não permanecerá lá por muito tempo, porque suas reações mentais à derrota serão suficientemente fortes para levá-lo de volta para o lado do sucesso, lugar ao qual ele pertence por direito.

Perceba que o fracasso ou a derrota são apenas temporários – são maneiras de a natureza nos trazer humildade, sabedoria e entendimento. Perceba também que em cada adversidade há a semente de um benefício equivalente ou maior. Agora repita:

- *Em qualquer adversidade, não reconheço fracasso nem derrota. Em vez disso, procuro a semente de um benefício equivalente e luto persistentemente em direção ao meu objetivo, grato pela lição que aprendi.*
- *Em qualquer adversidade, não reconheço fracasso nem derrota. Em vez disso, procuro a semente de um benefício equivalente e luto persistentemente em direção ao meu objetivo, grato pela lição que aprendi.*
- *Em qualquer adversidade, não reconheço fracasso nem derrota. Em vez disso, procuro a semente de um benefício equivalente e luto persistentemente em direção ao meu objetivo, grato pela lição que aprendi.*
- *Em qualquer adversidade, não reconheço fracasso nem derrota. Em vez disso, procuro a semente de um benefício equivalente e luto persistentemente em direção ao meu objetivo, grato pela lição que aprendi.*
- *Em qualquer adversidade, não reconheço fracasso nem derrota. Em vez disso, procuro a semente de um benefício equivalente e luto persistentemente em direção ao meu objetivo, grato pela lição que aprendi.*
- *Em qualquer adversidade, não reconheço fracasso nem derrota. Em vez disso, procuro a semente de um benefício equivalente e luto persistentemente em direção ao meu objetivo, grato pela lição que aprendi.*

APRENDENDO COM A ADVERSIDADE E COM A DERROTA   111

- *Em qualquer adversidade, não reconheço fracasso nem derrota. Em vez disso, procuro a semente de um benefício equivalente e luto persistentemente em direção ao meu objetivo, grato pela lição que aprendi.*
- *Em qualquer adversidade, não reconheço fracasso nem derrota. Em vez disso, procuro a semente de um benefício equivalente e luto persistentemente em direção ao meu objetivo, grato pela lição que aprendi.*
- *Em qualquer adversidade, não reconheço fracasso nem derrota. Em vez disso, procuro a semente de um benefício equivalente e luto persistentemente em direção ao meu objetivo, grato pela lição que aprendi.*
- *Em qualquer adversidade, não reconheço fracasso nem derrota. Em vez disso, procuro a semente de um benefício equivalente e luto persistentemente em direção ao meu objetivo, grato pela lição que aprendi.*

12

Orçando tempo e dinheiro

Prepare-se, porque chegou a hora de termos uma conversa muito clara sobre você e seu futuro. Percorremos um longo caminho na estrada que leva à felicidade, e chegamos ao décimo segundo portão pelo qual teremos que passar. Seu nome é "Orçando tempo e dinheiro". Depois de passarmos por esse portão, saberemos como aproveitar ao máximo nosso tempo, como ganhar dinheiro e como fazê-lo servir a um propósito nobre.

Vamos ficar à beira da estrada, enquanto passamos pelo portão número doze, ao mesmo tempo em que ponderamos sobre o conhecimento que adquirimos ao passar pelos portões anteriores. Se tivermos sido atentos, temos mais conhecimento útil agora do que a maioria dos graduados adquire durante seus anos de formação universitária, mas não é conhecimento teórico, porque foi fornecido por homens experientes, que o obtiveram por tentativa e erro, a partir de suas próprias experiências. Tudo o que aprendemos com as experiências desses homens é muito importante, mas agora chegamos ao ponto em que devemos esquecer outros homens e suas conquistas e direcionar nossa atenção para você e seu futuro.

Este é o seu momento de fazer um levantamento pessoal. Você está cara a cara com alguns fatos que podem não ser tão agradáveis, mas devemos encarar esses fatos com coragem. Sim, todos nós temos justificativas, mas lembre-se de que essas justificativas não lhe trarão o que você deseja na vida. Faça a si mesmo esta pergunta: você é um sucesso ou um fracasso? Se você for um fracasso, nenhuma explicação mudará os resultados, pois a única coisa que o mundo nunca perdoará é o fracasso. O mundo quer sucessos, adora-os, mas não tem tempo para fracassos. A única maneira de um homem explicar seu fracasso é se preparando por meio da autodisciplina para que as circunstâncias de sua vida o levem ao sucesso.

É um grande dia na vida de um homem quando ele se senta em silêncio e tem uma conversa franca consigo mesmo, porque, com certeza, fará descobertas sobre si que lhe serão úteis, embora possam deixá-lo estremecido. Nada é alcançado simplesmente desejando, esperando ou sonhando acordado. Uma autoanálise sincera ajuda a pessoa a superar isso. Ninguém pode obter algo sem esforço, embora muitos tenham tentado. Tudo o que vale a pena tem um preço definido, e esse preço deve ser pago. As circunstâncias da vida de uma pessoa tornam isso essencial.

O sucesso não requer grande quantidade de conhecimento sobre algo, mas exige o uso persistente de qualquer conhecimento que se possa ter. Homens de sucesso conhecem a si mesmos não como eles pensam que são, mas como se tornaram graças a seus hábitos; portanto, você deve fazer um levantamento a respeito de si mesmo para descobrir onde e como está usando seu tempo. Como você está usando seu tempo? Quanto tempo está desperdiçando, e como o está desperdiçando? O que vai fazer para acabar com esse desperdício? Essas questões são importantes e requerem atenção.

Em termos gerais, existem duas classes de pessoas: as *alienadas*, que vivem à deriva, e as *não alienadas*. Um indivíduo não alienado tem um propósito principal definido e um plano definido para alcançá-lo, e está ativamente engajado na execução desse plano. Ele tem pensamentos próprios e assume total responsabilidade por eles, estejam certos ou errados. Um alienado não pensa de verdade, mas aceita os pensamentos, ideias e opiniões dos outros e age como se fossem seus. Ele segue o caminho mais fácil em todas as ocasiões possíveis e repete seus erros várias vezes, enquanto o não alienado se orgulha de abrir novos caminhos, de vencer novos perigos e aprender com seus erros. Um não alienado expressa suas ações por meio da definição de um propósito e segue o hábito de andar uma milha a mais para a sua realização. Ele se move por iniciativa própria, sem pressão dos outros. Também controla todos os seus hábitos, tanto de pensamento quanto de ação, por meio da mais rigorosa autodisciplina. Mantém uma atitude mental positiva e pensa no que mais deseja, não no que não deseja. Sustenta suas ações com a fé aplicada. Ele cerca-se de uma aliança de MasterMind, para ter a cooperação de outros cujo conhecimento e experiência sejam necessários para a realização de seu propósito. Reconhece suas fraquezas e encontra meios de superá-las. Ele faz seu levantamento pessoal com a mesma regularidade com que um comerciante de sucesso faz o levantamento de seu estoque.

Agora revelarei as circunstâncias em que o alienado falha ao não fazer uso efetivo de seu tempo. Este esboço deve ser usado como guia por aqueles que desejam fazer um levantamento pessoal, pois revelará as dez principais fontes de permanecer à deriva:

1. **Profissão**. A profissão de um homem é a fonte de suas oportunidades econômicas. O homem comum dedica cinco, dos sete dias da semana, à sua ocupação. A maioria das pessoas alienadas nunca se preocupa com a escolha de uma profissão adequada à sua educação ou à sua natureza mental e espiritual. A análise precisa do não alienado mostra claramente que ele está engajado em uma profissão de sua própria escolha, portanto, está empenhado em um trabalho que é verdadeiramente feito por amor – uma das doze riquezas da vida –, no qual ele projeta, de boa vontade, sua capacidade criativa, seu entusiasmo, suas esperanças e seus objetivos.

2. **Hábitos de pensamento**. O alienado não tenta disciplinar ou controlar seus pensamentos e nunca aprende a diferença entre pensamentos negativos e pensamentos positivos. Ele permite que sua mente seja ocupada por qualquer pensamento. Pessoas que se desviam da conexão com seus hábitos de pensamento certamente se desviarão também de outros assuntos. Uma atitude mental positiva é a primeira e a mais importante das doze riquezas da vida, e não pode ser alcançada pelo alienado. Ela *pode* ser alcançada por

meio da autodisciplina. Nenhuma quantidade de tempo dedicada ao trabalho pode compensar os benefícios de uma atitude mental positiva, porque essa atitude é o poder que torna o uso do tempo eficaz e produtivo.

3. **Relações comerciais, profissionais e pessoais**. O sucesso, nos níveis mais altos de realização, é alcançado por meio de cooperação amigável e associação com pessoas não alienadas. A harmonia nas relações humanas leva à confiança, e a confiança leva à cooperação amigável. Atritos, conflitos e mal-entendidos interrompem relacionamentos amigáveis e desperdiçam tempo em quase todas as esferas da vida. É bom lembrar, também, que homens de sucesso não têm tempo para alienados, que têm tão pouca consideração por seu próprio tempo que estão dispostos a desperdiçá-lo em discussões inúteis sobre trivialidades.

4. **Hábitos de saúde**. Aqui o hábito da alienação atinge suas proporções mais trágicas, pois é fato reconhecido que o homem comum presta mais atenção aos cuidados com seu automóvel do que com a própria saúde. O tema *saúde* precisa ser enfatizado. O alienado se preocupa, fica aflito, resmunga, reclama e teme perigos imaginários que ele acredita que irão atingi-lo, até o momento em que seu organismo cruza os braços e para de manter o equilíbrio entre os elementos que o corpo precisa para manter a saúde e aqueles que levam à doença. O alienado é o resultado de uma estranha combinação de indiferença, indecisão, confusão e irregularidade de hábitos, tanto de pensamento quanto de ação.

5. **Religião**. As religiões são boas pois inspiram o indivíduo a reconhecer que ele tem qualidades espirituais disponíveis para cada uma de suas necessidades. Mas aqui encontramos a procrastinação, não menos evidente do que em relação aos hábitos que levam a uma boa saúde física. Para a maioria das pessoas, a religião é algo a ser abraçado e seguido por uma questão de decência, mas não necessariamente para ser vivido. Para a maioria dos que adotam uma religião, ela é mais uma teoria do que uma prática.

6. **Uso do tempo livre**. Pode-se definir *tempo livre* como a parte do tempo que não é dedicada à profissão. O uso que se faz do tempo livre é um meio preciso de prever seu futuro, pois esse é o período em que seus pensamentos podem ser controlados e direcionados para qualquer fim desejado. Para a pessoa que trabalha para os outros, o tempo livre é uma chance de promoção, porque é quando ela pode se preparar para maiores responsabilidades. O errante, geralmente, é tão descuidado com seu tempo quanto com seu dinheiro. Ele falha em reconhecer que tempo é dinheiro, e gasta ambos com imprudente desrespeito ao seu valor.

7. **O hábito de gastar fora do orçamento**. Aqui está um grande destruidor de tempo. Não só acaba com o tempo, mas também leva à crise e à escassez. Todos os negócios de sucesso funcionam em um sistema rigoroso de controle de orçamento, que fornece uma contabilidade de gastos, tanto de tempo quanto de dinheiro. Todo indivíduo bem-sucedido deve administrar sua vida da mesma forma. O popular sistema de compra a prazo é uma grande

conveniência para milhões de pessoas, mas muitas vezes é usado demasiadamente, graças à falta de um sistema prático de gastos dentro do orçamento.

8. **Relações familiares**. A quantidade de tempo desperdiçado com desajustes nas relações familiares é assustadora. O fardo dos pecados desse desperdício recai sobre os ombros dos pais, pois eles, geralmente, dão o exemplo para toda a família. O círculo familiar é o lugar onde se forma o caráter, e deve ser guardado com profundo respeito por suas responsabilidades. O chefe da família não alcançará sucesso em sua profissão a menos que tenha a paz de espírito que surge da harmonia em seu lar. Harmonia é o resultado de um planejamento cuidadoso, de um orçamento de receitas e despesas e da fixação de responsabilidades para cada membro da família.

9. **Você e seu trabalho**. O tempo desperdiçado por homens e mulheres assalariados é suficiente, se somado, para construir outro sistema industrial, com o dobro do tamanho do sistema industrial norte-americano. Também é suficiente para fornecer a cada trabalhador uma renda adicional de valor igual ou maior ao que ele recebe no momento pelo tipo de serviço prestado pelo trabalhador comum.

10. **Pensamento preciso**. A maioria das pessoas tem o hábito de conjecturar, em vez de reunir, organizar e classificar fatos para construir planos e tomar decisões. O alienado tem uma opinião sobre quase todos os assuntos, mas raramente se dá ao trabalho de obter informações precisas sobre qualquer tema. O não alienado não tem opiniões, exceto aquelas criadas a partir de fatos cuidadosamente

reunidos ou de hipóteses razoáveis sobre os fatos. Ele tem o cuidado de não expressar uma opinião que não seja baseada em fatos conhecidos.

O hábito de economizar dinheiro deve ser praticado reservando uma porcentagem definida de toda a renda. Quando o valor poupado for grande o suficiente, deve ser colocado em algum tipo de investimento seguro, onde começará a se multiplicar. Não deve ser utilizado para despesas correntes, nem para emergências, desde que elas possam ser geridas de outras maneiras.

O tempo é um mestre trabalhador que cura as feridas da derrota e da decepção, corrige todos os erros e transforma esses erros em capital, mas ele favorece apenas aqueles que eliminam a procrastinação e avançam em direção à realização de algum objetivo preconcebido com a definição de um propósito. Segundo a segundo, o tempo está correndo para cada ser humano. Atraso significa derrota, porque ninguém consegue recuperar um único segundo de tempo perdido. Mova-se com decisão e agilidade e o tempo o favorecerá. Se você hesitar ou ficar parado, o tempo o removerá do tabuleiro. A única maneira de economizar tempo é gastá-lo com sabedoria.

Agora imagine-se como um mestre em ambos: tempo e dinheiro. Você não tem tempo para quem desperdiça tempo ou dinheiro. Repita:

- *Gasto meu tempo e meu dinheiro com sabedoria e cautela.*
- *Gasto meu tempo e meu dinheiro com sabedoria e cautela.*
- *Gasto meu tempo e meu dinheiro com sabedoria e cautela.*
- *Gasto meu tempo e meu dinheiro com sabedoria e cautela.*

A Filosofia do Sucesso

- *Gasto meu tempo e meu dinheiro com sabedoria e cautela.*
- *Gasto meu tempo e meu dinheiro com sabedoria e cautela.*
- *Gasto meu tempo e meu dinheiro com sabedoria e cautela.*
- *Gasto meu tempo e meu dinheiro com sabedoria e cautela.*
- *Gasto meu tempo e meu dinheiro com sabedoria e cautela.*
- *Gasto meu tempo e meu dinheiro com sabedoria e cautela.*

13

Uma atitude mental positiva

Ao nascer, cada ser humano traz consigo o equivalente a dois envelopes lacrados. Os envelopes contêm uma lista das riquezas que o indivíduo poderá desfrutar tomando posse da própria mente e usando-a para alcançar o que deseja na vida, e uma lista das penalidades que a natureza exigirá se ele deixar de reconhecer e usar o poder de sua mente.

A natureza desencoraja e penaliza duas coisas: 1) o vácuo, o vazio; 2) a ociosidade, a falta de ação. Ou você usa seu cérebro para um pensamento controlado em conexão com as coisas que deseja, ou a natureza intervém e o usa para cultivar uma maravilhosa safra de circunstâncias negativas que você não deseja. Você tem uma escolha a respeito disso. Você pode tomar posse do poder do seu pensamento, ou pode deixá-lo ser influenciado pelos ventos do acaso e por circunstâncias que você não deseja.

Dessa grande verdade surgiu o ditado: "Sucesso atrai mais sucesso, enquanto o fracasso atrai mais fracasso". Você deve ter notado essa verdade muitas vezes, embora possa não ter analisado a sua causa. A causa é muito simples: a natureza permite que você fixe sua mente no que desejar e crie seu próprio plano para alcançar o que quer; em seguida, coloca a favor de seus esforços todos os benefícios que chegam a você no envelope lacrado com o rótulo: "Riquezas que você pode receber se tomar posse de sua mente e direcioná-la para fins de sua própria escolha".

Está claro o porquê de o sucesso atrair mais sucesso. Fica igualmente claro o porquê de fracasso atrair mais fracasso, se você tiver negligenciado tomar posse de sua mente e tê-la colocado para funcionar. Verdadeiramente, a natureza desencoraja a ociosidade e a penaliza onde quer que ela esteja.

Com uma atitude mental positiva, você pode colocar sua mente para trabalhar acreditando no sucesso e na riqueza como sendo um direito seu: sua crença o guiará infalivelmente em direção a qualquer que seja sua definição para ambos. Com essa mesma mente funcionando com uma atitude mental negativa, você pode acreditar no medo e na frustração, e sua mente atrairá para você os frutos dessas coisas indesejáveis.

Agora vamos detalhar o conteúdo desses dois envelopes lacrados e ver o que eles contêm. Vamos chamar um desses envelopes de "Recompensas" e o outro de "Penalidades". No chamado "Recompensas", está uma lista de algumas das bênçãos que ele traz:

Uma atitude mental positiva

1. Privilégio de se colocar no feixe do sucesso, que atrai apenas as circunstâncias que o levam ao sucesso.
2. Boa saúde física e mental.
3. Independência financeira.
4. Trabalho feito por amor, pelo qual você possa se expressar.
5. Tranquilidade.
6. Fé aplicada, que impossibilita o medo.
7. Amizades duradouras.
8. Longevidade e uma vida equilibrada.
9. Imunidade contra todas as formas de autolimitação.
10. Sabedoria para entender a si mesmo e aos outros.

Essas são algumas, mas não todas, as bênçãos daquele envelope lacrado. Agora vamos examinar o envelope rotulado "Penalidades":

1. Pobreza e sofrimento durante toda a vida.
2. Doenças mentais e físicas de vários tipos.
3. Autolimitação que prende à mediocridade todos os dias da vida.
4. Medo, em todas as suas formas destrutivas.
5. Aversão ao trabalho do qual depende para viver.
6. Muitos inimigos, poucos amigos.
7. Todo tipo de preocupação conhecida pela humanidade.
8. Ser vítima de todas as influências negativas que puder encontrar.
9. Sujeição à influência e ao controle de outras pessoas o tempo todo.

10. Uma vida desperdiçada, que em nada contribui para o progresso da humanidade.

Uma atitude mental positiva é o passo mais importante que devemos dar para controlar e direcionar nossa mente, porque uma atitude mental negativa nos deixa totalmente abertos a todas as influências com as quais entramos em contato, especialmente as negativas. Uma atitude mental positiva é a única condição da mente com a qual podemos alcançar a sabedoria para reconhecer o verdadeiro propósito da vida e nos adaptar a esse propósito. Uma atitude mental positiva é imprescindível para todos que fazem a vida valer a pena de acordo com suas condições.

Passos que você pode dar para desenvolver uma atitude mental positiva:

1. Reconheça o privilégio de tomar posse e usar sua própria mente como a única coisa sobre a qual você tem controle total.
2. Reconheça e prove, para sua própria satisfação, a verdade de que toda adversidade traz consigo a semente de um benefício equivalente.
3. Feche a porta para todos os fracassos e circunstâncias desagradáveis que você viveu no passado.
4. Coloque em prática esse princípio mágico de sucesso: o hábito de andar uma milha a mais, de ir além.
5. Selecione um "marca-passo" – alguém que estabeleça o ritmo da marcha – e iguale-se a ele de todas as maneiras possíveis.

Uma atitude mental positiva

6. Determine a quantidade de riqueza material que você deseja, estabeleça um plano para conquistá-la e, em seguida, coloque um paliativo em suas ambições de ser mais rico, adotando o princípio do "nem muito, nem pouco". Dessa forma, você pode guiar suas futuras ambições por coisas materiais.

7. Crie o hábito de dizer ou fazer, diariamente, algo que fará outra pessoa se sentir melhor.

8. Convença-se de que nada realmente importa, desde que você não esteja pessoalmente envolvido, dando-se, assim, imunidade contra todas as pequenas causas de preocupação.

9. Descubra o que você mais gosta de fazer, um trabalho que você ame, e dedique-se a ele com todo o seu coração e alma, mesmo que seja apenas um hobby.

10. Entre em contato com toda pessoa que você, injustamente, tenha ofendido com palavras ou atos, desculpe-se adequadamente e peça perdão.

11. Lembre-se sempre de que ninguém pode ferir seus sentimentos, deixá-lo com raiva ou intimidá-lo sem receber de você sua total cooperação e consentimento.

12. Aprenda a arte de dominar suas emoções amorosas, exercitando-as sob condições criadas por você, por meio do princípio do desvio ou transformação das emoções.

13. Descubra que a autopiedade é uma traiçoeira destruidora da autoconfiança e reconheça que a única pessoa de quem você pode e deve depender, o tempo todo, é você mesmo. Lembre-se: enquanto alguém puder ferir seus sentimentos por qualquer motivo ou deixá-lo com raiva, mesmo

que você não queira, é porque existem pontos fracos em seu preparo mental. Eles precisam ser corrigidos antes que você consiga se expressar por meio de uma atitude mental positiva.

14. Crie o hábito da tolerância e mantenha a mente aberta para todos os assuntos, com pessoas de todas as raças e credos.

15. Aprenda a gostar das pessoas como elas são, em vez de exigir que sejam como você deseja. Você precisa conviver com pessoas; portanto, aprenda a gostar delas e, por fim, descobrirá que o amor e a afeição constituem o melhor remédio, tanto para seu corpo, quanto para sua alma. O amor muda toda a química do corpo, e o condiciona a expressar uma atitude mental positiva. O amor também aumenta o espaço que uma pessoa pode ocupar no coração de seus semelhantes. Importante também é o fato de que o amor é gratuito, e a melhor maneira de receber amor é dando-o.

Agora chegamos a um assunto de suma importância no desenvolvimento e manutenção de uma atitude mental positiva: acreditar quando a crença é justificada. Você deve ter uma crença persistente na existência da Inteligência Infinita, por meio da qual seu Criador providenciou para que você recebesse o poder capaz de auxiliá-lo a tomar posse de sua própria mente e direcioná-la para quaisquer fins que você escolher. Você deve ter uma crença persistente em sua própria capacidade de se tornar livre e determinado, como o maior presente de seu Criador, e deve demonstrar essa crença em ações condizentes com sua natureza.

Você deve acreditar naqueles com quem está ligado, em relação à sua profissão ou à vida. Se eles não forem dignos de sua completa confiança, você está ligado a pessoas erradas.

Finalmente, você deve acreditar no poder da palavra falada e se comprometer a não falar nenhuma palavra que não se harmonize, em todos os aspectos, com sua atitude mental positiva.

Neste ponto, apresentarei algumas sugestões de vital importância para aqueles que desejam assimilar esta filosofia de sucesso e aplicá-la para alcançar as coisas que mais desejam na vida:

1. Adapte-se ao estado de espírito das outras pessoas e às suas peculiaridades para que possa conviver pacificamente com elas. Evite tomar conhecimento de circunstâncias banais nas relações humanas e não permita que se tornem incidentes controversos.

2. Estabeleça sua própria técnica de condicionamento da mente a cada manhã, para que consiga manter uma atitude mental positiva ao longo do dia.

3. Adote o hábito de dar uma risada saudável como método para transformar a raiva em uma emoção inofensiva. Observe o quão efetivamente isso mudará toda a química de sua mente, de negativa para positiva.

4. Concentre a mente na parte que pode ser feita das tarefas que você assume. Não se preocupe com a parte que não pode ser feita, a menos ou até que você se depare com ela.

5. Aprenda a encarar a vida como um processo contínuo de aprendizado por meio de experiências, tanto boas quanto ruins. Esteja sempre alerta para os ganhos de sabedoria

que vêm pouco a pouco, dia após dia, em experiências agradáveis e desagradáveis.

6. Lembre-se sempre de que cada pensamento que você libera volta multiplicado para abençoá-lo ou amaldiçoá-lo. Observe seus pensamentos e certifique-se de emitir apenas aqueles cujos frutos você esteja disposto a receber em troca.

7. Tenha cuidado com seus associados, pois a atitude mental negativa de outras pessoas é muito contagiosa, e se espalha pouco a pouco.

8. Lembre-se de que a oração traz melhores resultados quando aquele que está orando tem fé suficiente para ver-se já na posse daquilo pelo que ora. Isso exige uma atitude mental positiva da mais alta ordem.

A paz de espírito só pode ser obtida com uma atitude mental positiva. E aqui começamos a reconhecer que a paz de espírito, como tudo, tem um preço que deve ser pago para ser obtida e mantida. O preço:

1. Reconhecimento da verdade de que o poder universal da Inteligência Infinita está disponível para todos que aprenderem a usá-lo.

2. Hábito de ajudar os outros a se ajudarem.

3. Liberdade de todo desejo de vingança.

4. Hábito de andar uma milha a mais em todos os relacionamentos humanos.

5. Conhecimento de quem você é e de suas verdadeiras virtudes e habilidades, que o distinguem de todas as outras pessoas.

Uma atitude mental positiva

6. Liberdade de qualquer tipo de desânimo.

7. Hábito de pensar na direção do que se deseja.

8. Hábito de começar de onde se está, a fim de fazer o que se deseja.

9. Hábito de vencer os infortúnios insignificantes do dia a dia, em vez de ser dominado por eles.

10. Hábito de procurar a semente de um benefício equivalente em todas as adversidades.

11. Hábito de levar a vida com calma, sem recuar diante do que for desagradável, nem abusar dos prazeres.

12. Hábito de dar antes de tentar receber.

13. Alegria de ser feliz ao fazer as coisas, em vez de possuí-las.

14. Hábito de avaliar a pobreza apenas como uma doença a ser vencida e que pode ser transformada em bens desejáveis.

15. Envolvimento em um trabalho por amor, escolhido por você.

Essas são algumas das alegrias de exercer uma atitude mental positiva.

Forme uma imagem mental de si mesmo como um pilar de força e poder, bloqueando imediatamente quaisquer pensamentos negativos. Você tem três metros de altura repletos de autoconfiança. Não é uma sensação maravilhosa? Mantenha essa imagem em mente e lembre-se dessa sensação estimulante. Agora repita com entusiasmo estas palavras:

- *Eu sou sempre positivo, próspero e cheio de autoconfiança.*
- *Eu sou sempre positivo, próspero e cheio de autoconfiança.*
- *Eu sou sempre positivo, próspero e cheio de autoconfiança.*

- *Eu sou sempre positivo, próspero e cheio de autoconfiança.*
- *Eu sou sempre positivo, próspero e cheio de autoconfiança.*
- *Eu sou sempre positivo, próspero e cheio de autoconfiança.*
- *Eu sou sempre positivo, próspero e cheio de autoconfiança.*
- *Eu sou sempre positivo, próspero e cheio de autoconfiança.*
- *Eu sou sempre positivo, próspero e cheio de autoconfiança.*
- *Eu sou sempre positivo, próspero e cheio de autoconfiança.*

14

Pensamento preciso

Agora chegamos perto do maior de todos os mistérios: o poder da mente humana. Vamos abordar esse assunto com admiração, pois é o tema mais profundo de toda esta filosofia. Ele guarda o segredo de todos os sucessos e de todos os fracassos. É o único princípio que está, necessariamente, na lista obrigatória de todos os que um dia alcançaram a chave mestra das riquezas e de todos os que tiveram acesso à felicidade. É o mais importante assunto conhecido pela humanidade, mas, paradoxalmente, é o menos compreendido: o pensamento preciso.

O poder do pensamento pode ser comparado a uma rica horta cujo solo pode, por meio de um esforço organizado, ser usado para produzir os alimentos necessários, ou, se for negligenciado, produzir ervas daninhas inúteis. A mente está eternamente trabalhando, construindo ou destruindo, trazendo sofrimento, infelicidade e pobreza, ou alegria, prazer e riqueza. Nunca fica ociosa. É o maior de todos os bens disponíveis para a humanidade, mas é o menos usado e o mais abusado. Seu abuso consiste, principalmente, em seu desuso.

A ciência revelou muitos dos segredos mais profundos da natureza, mas não revelou o segredo da maior fonte de riqueza da humanidade: o poder do pensamento. Talvez porque a humanidade tenha mostrado uma indiferença imperdoável em relação a esse dom divino. O poder do pensamento é o mais perigoso ou o mais benéfico poder disponível ao homem, dependendo de como é usado. Por meio do poder do pensamento, o homem construiu grandes impérios da civilização. Com o mesmo poder, outros homens pisotearam impérios como se fossem de barro. Toda criação humana, seja boa ou má, surge primeiro em um padrão de pensamento. Todas as ideias são concebidas por meio do pensamento. Todos os planos, propósitos e desejos são criados no pensamento, e o pensamento é a única coisa sobre a qual a humanidade recebeu o privilégio do completo controle.

Examinemos os passos para o pensamento preciso, de modo que possamos direcionar a iniciativa pessoal para atingir qualquer objetivo desejado. O pensamento preciso é baseado em dois fundamentos principais: 1) raciocínio indutivo, baseado na suposição de fatos ou hipóteses desconhecidas; 2) raciocínio dedutivo, baseado em fatos conhecidos ou no que se acredita serem fatos. Pensadores capazes, ao lidar com fatos, dão estes passos importantes como meio para tornar seu pensamento efetivo: 1) eles separam fatos de ficção e boatos; 2) separam os fatos em classes: importantes e sem importância.

A maior parte das pessoas não pensa; elas apenas acham que pensam. A maioria dos ditos pensamentos nada mais é do que uma expressão de sentimento por meio das emoções, e emoções não são confiáveis. O pensador capaz sempre submete seus desejos e decisões emocionais à sua cabeça para um exame criterioso, antes de confiar que eles sejam sensatos, pois sabe que sua cabeça é mais confiável que seu coração. As emoções mais comumente expressas e, por isso, as mais perigosas, são: 1) medo, 2) amor, 3) raiva, 4) ciúme, 5) vingança, 6) vaidade, 7) ambição. Esses são os sete criminosos que, muitas vezes, roubam dos indivíduos a oportunidade de realização, tornando o pensamento preciso impossível. Eles devem estar sob constante controle e sempre sujeitos a um escrutínio mais minucioso, pois levam a erros de julgamento.

Todos os hábitos de pensamento vêm de uma de duas fontes, ambas hereditárias. A primeira é a *hereditariedade física*. Dessa fonte herda-se algo da natureza e do caráter de todas as gerações da raça humana que nos precederam. Essa herança é fixada pelas leis da natureza, mas grande parte dela pode ser modificada e preparada para um pensamento preciso. A segunda fonte é a *hereditariedade social*, que são todas as influências do ambiente, da educação, as experiências e os impulsos de pensamento produzidos por estímulos externos. A maior parte de todo pensamento é inspirada pela hereditariedade social. Assim, podemos afirmar que a maioria do nosso pensamento é feita sob medida para nós por outros.

O pensador capaz reconhece todos os fatos da vida, tanto os bons quanto os ruins, e assume a responsabilidade de separá-los e organizá-los, escolhendo aqueles que atendem às suas necessidades e rejeitando todos os outros. Ele não fica impressionado com boatos. Ele não é escravo, mas sim o senhor de suas próprias emoções. Ele vive entre os outros sem permitir que eles invadam seus pensamentos ou seu modo de pensar. Suas opiniões são o resultado de uma análise sóbria e de um estudo criterioso de fatos ou evidências confiáveis. Ele se vale do conselho de outros, mas se reserva o direito de aceitá-lo ou rejeitá-lo sem a necessidade de se justificar. Quando seus planos falham, o pensador prontamente constrói outros para substituí-los e nunca é desviado de seu propósito por uma derrota temporária. Ele é um filósofo, que determina as causas analisando seus efeitos. Ele obtém a maioria de suas pistas observando as leis da natureza e adaptando-se a elas.

Quando o pensador ora, seu primeiro pedido é por mais sabedoria, mas ele nunca insulta a Divindade pedindo para que Ela contorne qualquer lei natural ou exigindo algo sem dar nada em troca. Assim, suas orações são geralmente atendidas na íntegra, pois ele se posiciona ao lado de seu Criador. Ele não cobiça as posses materiais dos outros, pois tem uma maneira melhor de adquirir as coisas de que necessita – conquistando-as. Ele não inveja os outros, pois, nos valores que mais contam na vida, sabe que é mais rico que a maioria. Ele ajuda os outros livremente e só aceita ajuda se for plenamente justificada.

Essas são as características de um pensador capaz. Estude-as cuidadosamente se quiser fazer parte de uma minoria que pensa com precisão. As características são simples e facilmente compreendidas, mas não são tão facilmente cultivadas, pois seu cultivo requer mais autodisciplina do que a maioria das pessoas está disposta a praticar, mas a recompensa pelo pensamento preciso é digna do esforço requerido para obtê-la. Consiste em muitos valores, entre eles paz de espírito, liberdade de corpo e mente, sabedoria, compreensão das leis da natureza, das necessidades materiais da vida, e, acima de tudo, harmonia com o grande esquema do Universo, tal como foi estabelecida e é mantida pelo Criador. Ninguém pode negar que o pensador capaz estabeleceu uma relação de trabalho com seu Criador.

O pensamento preciso é um bem inestimável que não pode ser comprado ou emprestado de outros. Ele deve ser alcançado por meio dos mais rígidos hábitos de autodisciplina, reunidos, organizados e testados por meio das experiências de homens e mulheres bem-sucedidos em muitas esferas da vida.

É a mais rara das experiências encontrar alguém que viva sua própria vida, tenha os próprios pensamentos, desenvolva seus próprios hábitos e que seja ele mesmo. A maioria das pessoas imita o comportamento das outras, e muitas estão tão obcecadas pelas aparências que preferem ser uma réplica em vez de ser elas mesmas. Observe aqueles que você conhece bem. Estude seus hábitos cuidadosamente e você perceberá que a maioria é uma mera imitação artificial de outras pessoas, sem um pensamento que possa, verdadeiramente, ser chamado de seu. A maior parte das pessoas segue por esse caminho, aceitando e agindo de acordo com os pensamentos e hábitos dos outros, assim como as ovelhas que seguem, uma atrás da outra, por caminhos marcados nos pastos. Muito de vez em quando, algum indivíduo com tendência ao pensamento preciso se afasta da multidão, cultiva os próprios pensamentos e se atreve a ser ele mesmo. Se você encontrar alguém assim, saiba que está diante de um pensador capaz.

Observe agora o que esses dois importantes princípios – hábito e hereditariedade social – revelam. A lei que impõe a todo ser vivo a dominância do ambiente em que ele vive é uma lei natural que não pode ser modificada, alterada ou contornada. É a chamada *hereditariedade social*, mas ela pode ser usada com grande vantagem se combinada ao princípio do *hábito controlado* (lembre-se de que todos os hábitos voluntários podem ser controlados).

Aqui, então, começa a história do pensamento organizado, que desejamos apresentar em termos tão simples que qualquer criança possa entendê-los. Pense profundamente, pois estamos nos aproximando de um dos maiores milagres – o poder do pensamento criativo, pelo qual é possível converter impulsos de pensamento em seus equivalentes físicos, financeiros ou espirituais. Se há uma parte desta filosofia que é mais profunda do que qualquer outra, é esta, pois estamos lidando com a verdadeira fonte do poder por trás de todas as realizações humanas – o poder que é responsável, por meio de seu mau uso causado por nossa ignorância, por grande parte do sofrimento da humanidade, o poder que traz sucesso ou fracasso de acordo com a forma como é aplicado.

Vamos expressar essa imagem por meio de uma comparação familiar. Imagine que estamos tirando uma foto do poder do pensamento, usando a mente como a placa fotossensível da câmera e o hábito controlado como a lente através da qual qualquer objeto desejado pode ser fotografado. A placa da câmera registrará qualquer objeto refletido sobre ela pela luz projetada através da lente. Ela não escolhe, apenas registra tudo o que é lançado sobre ela. Para obter uma imagem nítida, a lente deve estar devidamente focada e o objeto a ser fotografado deve receber a quantidade adequada de luz. Tudo isso depende da habilidade e da precisão de quem está operando a câmera. Desse modo, o operador trabalha por meio do hábito controlado.

Agora vamos mudar a cena da câmera para o cérebro humano, para que possamos observar o quão perfeitamente os dois se assemelham em seu funcionamento. O indivíduo escolhe o tema que deseja registrar nas células de seu cérebro; o cérebro serve como a placa fotossensível da câmera. Ele chama o tema de *propósito principal definido*. Ele deseja que o cérebro capte uma imagem clara desse propósito, com todos os seus detalhes, a fim de registrá-lo e transmiti-lo ao subconsciente para a sua materialização, por qualquer meio natural disponível. Portanto, ele prossegue, pelo princípio do hábito controlado, fixando na mente consciente uma imagem clara do que deseja. Dia após dia, ele repete aquela imagem por meio do hábito controlado, porque admite, como o pensador capaz sempre faz, que o impulso mental do pensamento com o qual ele está pintando a imagem em seu cérebro deve receber a quantidade certa de tempo, por meio de exposições repetidas, para que seja registrada corretamente. Também deve ser acompanhada pela quantidade adequada de luz – o equivalente à emoção misturada com a razão – para permitir que o cérebro capte um esboço claro e todos os detalhes do pensamento.

Ao transmitir ao cérebro uma imagem clara do que se deseja que seja materializado em seu equivalente físico, deve-se dar quatro passos importantes, todos facilmente seguidos e sujeitos ao controle individual. São eles: 1) adoção de um propósito maior definido; 2) criação de um plano prático para a realização desse propósito; 3) uma aliança de MasterMind com outros, cuja experiência, habilidade ou influência possa vir a ser necessária para a realização do propósito; 4) ação imediata e contínua na execução do plano.

O pensamento deve ser bem sustentado pela emoção, e a mais poderosa delas é a fé. O suporte necessário pode ser dado ao pensamento pela aplicação de oito princípios desta filosofia:

1. **Definição de propósito**. Comece com este princípio adotando um objetivo baseado em um motivo ou desejo definido para sua realização.

2. **MasterMind**. Por meio deste princípio, a pessoa deve se aliar a outros que tenham a educação formal, a habilidade e a experiência necessárias para ajudá-la a alcançar seu propósito definido.

3. **Iniciativa pessoal**. O indivíduo deve aplicar este princípio tomando a iniciativa e realizando seus planos para atingir seu propósito.

4. **Visão criativa**. Deve-se usar este princípio por meio da faculdade da imaginação, como uma ajuda na escolha de aliados de MasterMind e na construção de planos engenhosos para alcançar seu propósito.

5. **Autodisciplina**. Este princípio deve ser aplicado para assegurar que todas as faculdades da mente estejam organizadas e direcionadas para a realização de um objetivo e para evitar que a pessoa desista quando as coisas se tornarem difíceis.

6. **Fé aplicada**. Este princípio deve ser aplicado para fornecer ao indivíduo a esperança e a autoconfiança necessárias para garantir a ação contínua na busca de seus planos e proporcionar o contato com a Inteligência Infinita, a fim de obter a sabedoria necessária.

7. **Personalidade agradável**. Este princípio deve ser aplicado como meio para influenciar os outros a cooperarem e a

PENSAMENTO PRECISO   139

venderem suas ideias ou planos para outras pessoas com o
mínimo de resistência.

8. **Hábito de andar uma milha a mais.** Este princípio deve
ser aplicado como meio para criar aliados e conquistar o
direito de pedir a colaboração de outros, levando-os, assim, ao desejo de cooperar.

A aplicação combinada desses oito princípios, quando
apoiada por um pensamento preciso, estabelece um pensamento organizado da mais alta ordem conhecida pela humanidade.
Como alguém que adquiriu a capacidade de transformar toda
emoção, sentimento, medo e preocupação em uma força motriz
positiva para alcançar fins definidos poderia ser permanente-
mente derrotado? É exatamente isso o que o pensamento organizado possibilita que o indivíduo faça: ele organiza todas
as faculdades mentais e as condiciona para a expressão da fé.
"Pensamentos são coisas", disse o grande filósofo, e, novamente,
o pensamento é o único poder sobre o qual qualquer indivíduo
recebeu controle total do Criador.

Como alguém em busca da verdade, imagine-se sempre capaz de reconhecer fatos, sejam eles bons ou ruins. Você não fica
impressionado com boatos e é senhor de suas próprias emoções,
é capaz de organizar seus pensamentos para a realização positiva
de seu objetivo. Pense e repita várias vezes ao dia:

- *Sou capaz de organizar meus pensamentos e emoções para que eles
sejam uma mola propulsora positiva em direção ao meu objetivo.*
- *Sou capaz de organizar meus pensamentos e emoções para que eles
sejam uma mola propulsora positiva em direção ao meu objetivo.*

- *Sou capaz de organizar meus pensamentos e emoções para que eles sejam uma mola propulsora positiva em direção ao meu objetivo.*
- *Sou capaz de organizar meus pensamentos e emoções para que eles sejam uma mola propulsora positiva em direção ao meu objetivo.*
- *Sou capaz de organizar meus pensamentos e emoções para que eles sejam uma mola propulsora positiva em direção ao meu objetivo.*
- *Sou capaz de organizar meus pensamentos e emoções para que eles sejam uma mola propulsora positiva em direção ao meu objetivo.*
- *Sou capaz de organizar meus pensamentos e emoções para que eles sejam uma mola propulsora positiva em direção ao meu objetivo.*
- *Sou capaz de organizar meus pensamentos e emoções para que eles sejam uma mola propulsora positiva em direção ao meu objetivo.*
- *Sou capaz de organizar meus pensamentos e emoções para que eles sejam uma mola propulsora positiva em direção ao meu objetivo.*
- *Sou capaz de organizar meus pensamentos e emoções para que eles sejam uma mola propulsora positiva em direção ao meu objetivo.*

15

Boa saúde física

Este capítulo não aborda doenças ou o tratamento delas. O objetivo aqui é alertar sua mente para manter uma boa saúde de forma consciente. Veja, o corpo físico é um templo fornecido pelo Criador para servir como morada para a mente. Ele é o mecanismo mais perfeito já produzido e é praticamente autossustentável. O corpo físico tem um cérebro que serve como centro do sistema nervoso e coordena toda a atividade corporal, é o receptor de todas as percepções sensoriais e é o órgão que, por meios ainda não explicados pela ciência, organiza todas as percepções, conhecimentos e memórias em novos padrões, que conhecemos como pensamentos.

A mente e o corpo estão tão intimamente relacionados que tudo o que um faz afeta o outro. O cérebro é quem comanda todos os movimentos voluntários do corpo, bem como todos os movimentos involuntários, realizados por meio do subconsciente, como a respiração, os batimentos cardíacos, a digestão, a circulação sanguínea, a distribuição da energia e similares. É o depósito de todo o conhecimento, o intérprete das influências do ambiente e do pensamento. É o órgão mais poderoso e menos compreendido do corpo. O cérebro é a morada do subconsciente e da mente consciente, mas a energia e a inteligência que produzem o pensamento fluem para o cérebro diretamente do grande depósito universal da Inteligência Infinita; o cérebro serve apenas como receptor e distribuidor dessa energia.

A relação entre a mente e o corpo tem muito a ver com saúde. O cérebro opera um departamento de química incrível, por meio do qual decompõe e assimila o alimento levado ao estômago, o liquefaz e o distribui por meio da corrente sanguínea para todas as partes do corpo, onde é necessário para manutenção e reparo das células. Todo esse trabalho é realizado automaticamente, mas o indivíduo pode ajudar o cérebro a manter sua boa saúde física. Além disso, muitas doenças físicas são causadas ou agravadas por transtornos mentais e emocionais. Muitas dessas doenças podem ser prevenidas por meio do autocontrole mental e emocional. Este capítulo deve servir como um programa prático, útil para aqueles que tiverem coragem, determinação e autocontrole para segui-lo.

Uma boa saúde começa com uma consciência de boa saúde, assim como o sucesso financeiro começa com uma consciência de prosperidade. Ninguém tem sucesso financeiro sem consciência de prosperidade, nem goza de boa saúde física sem consciência de saúde. Pondere essa declaração cuidadosamente, pois ela transmite uma verdade que é de grande benefício para uma boa saúde física. Para se manter uma consciência de boa saúde, deve-se pensar em uma boa saúde, não em doenças e enfermidades. Em uma frase, o psicólogo francês Émile Coué deu ao mundo uma fórmula simples, mas prática, para a manutenção de uma consciência de saúde: "Todos os dias, sob todos os pontos de vista, eu fico cada vez melhor". Ele recomendou repetir essa frase milhares de vezes por dia, até que o subconsciente a assimile, a aceite e comece a levá-la à sua conclusão lógica, em forma de boa saúde. Muitas pessoas acreditaram na fórmula de Coué, colocaram-na em prática com seriedade e descobriram que ela produzia resultados maravilhosos, pois as colocava no caminho da consciência de uma boa saúde.

Elimine a preocupação e o medo mantendo sua atitude mental positiva. Se você deseja manter uma consciência de saúde, o medo e a preocupação não devem ter lugar em sua vida, pois certamente prejudicarão a boa saúde. Aprenda o hábito do controle emocional. Emoções como maldade, vingança e ressentimento produzem toxinas, venenos no sangue. Mantenha uma atitude mental positiva em todos os momentos, pois isso produzirá uma influência saudável. Toda a energia do pensamento, seja positiva ou negativa, é transportada para cada célula do corpo e ali depositada, e é essa energia que as células utilizam em seu funcionamento. A energia do pensamento é transportada para as células do corpo por meio do sistema nervoso e da corrente sanguínea, porque a química do corpo mistura a energia do pensamento com cada partícula de alimento, que é assimilada e lançada na corrente sanguínea.

Do ponto de vista racional, a maioria das doenças é resultado da desobediência às leis da natureza, pelas quais devemos pagar com dor e sofrimento. As dores têm um propósito: avisar que você precisa mudar seus hábitos de vida. Uma vez que aprendemos a aproveitar todas as coisas boas com moderação, assimilamos o segredo mais importante de uma vida saudável. Isso nos assegurará o direito de aproveitar a vida ao máximo.

Postura correta: ter uma boa postura é mais do que manter uma bela imagem. Anuncia o bem-estar de toda a personalidade e indica um funcionamento completo e equilibrado. A posição correta do corpo é uma questão vital para todos que realmente desejam ter boa saúde. A boa postura contribui para a boa saúde; a má postura, para uma saúde precária. Essa ideia é baseada na mecânica do corpo humano. Boa postura significa que a estrutura do corpo está na posição pretendida pela natureza, permitindo que os órgãos do corpo funcionem em sua posição normal; significa que os nervos e os vasos sanguíneos estão em melhores condições para manter os órgãos fortes e saudáveis.

Alimentos para uma boa condição física: nosso corpo é composto pelas coisas que comemos. Quando fornecemos a ele os requisitos necessários para um bom crescimento e funcionamento, aumentamos a duração de nossa vida, juntamente com a saúde, a força e a alegria de viver. Nosso primeiro alimento é o ar, o segundo é a água, e o terceiro são os elementos vivos dos alimentos, que classificamos como vitaminas e minerais.

Ar: para respirar adequadamente, o corpo deve estar ereto, seja em pé, andando ou sentado. Se o corpo se curvar, os pulmões ficam apertados, não podendo, assim, expandir-se totalmente, e os músculos que controlam a respiração têm seus movimentos prejudicados. Respirar completamente, da cintura à base do pescoço, utiliza o pulmão como um todo, de cima a baixo; respire profundamente até que isso se torne um hábito. Aprenda a inspirar e expirar completamente.

Água: assim como o ar que respiramos, a água é o alimento mais importante da vida. Compõe cerca de metade do volume do nosso sangue e é usada para transportar os nutrientes para todas as células vivas. Se o corpo for incapaz de obter água suficiente, ficará desidratado. O ideal seria beber um copo de água ao acordar todas as manhãs, um copo a cada refeição e mais um ou dois copos de água entre as refeições.

Vitaminas e minerais: os alimentos servem ao corpo de três maneiras distintas: 1) fornecendo combustível para a obtenção de energia; 2) fornecendo material para a construção e manutenção de órgãos e tecidos; 3) fornecendo materiais de proteção. Vitaminas e minerais, que regulam as funções do corpo, ajudam a utilizar outros alimentos e permitem que o organismo fabrique as substâncias necessárias. Uma dieta com grande variedade de frutas, vegetais frescos, cereais integrais e leite, e com uma quantidade moderada de frutos do mar e carnes, irá suprir as necessidades minerais do corpo. Esses mesmos alimentos, aliás, são boas fontes de vitaminas; portanto, cumprem, também, o papel de manter o corpo bem nutrido. Verifique com seu médico se sua dieta contém a quantidade adequada de minerais e vitaminas.

Hábitos alimentares: todos podemos ajudar a melhorar nossa digestão seguindo estas sugestões: 1) Os alimentos devem ser bem mastigados antes de ser engolidos. 2) Para uma melhor digestão, os alimentos devem ser saborosos. 3) Os alimentos devem ser consumidos em quantidades moderadas. 4) Não faça trabalho físico pesado imediatamente após uma refeição. 5) Faça uma refeição balanceada, com uma boa proporção de frutas e vegetais.

6) A mente deve estar condicionada e preparada para comer. Nunca se deve comer estando zangado, assustado ou preocupado. As conversas durante as refeições devem ser de natureza agradável, e nunca muito intensas. Desentendimentos familiares e punições nunca devem ocorrer durante as refcições. A hora da refeição deve ser um momento em que todos os estados mentais negativos são deixados de lado; deve ser uma expressão de gratidão ao Criador, por ter criado uma variedade tão grande de itens necessários para a vida de cada criatura, e não um momento para expressões desagradáveis e pensamentos negativos.

Relaxamento: relaxamento significa a completa liberdade do corpo e da mente, particularmente, limpando-a de todas as preocupações, medos e ansiedades. Deve haver um período de pelo menos uma hora por dia durante o qual o corpo e a mente estejam naturalmente relaxados e livres de todo esforço voluntário. Aprenda a relaxar mesmo enquanto estiver trabalhando. Deixe seus músculos relaxados. Você fará seu trabalho com mais facilidade e economizará o desgaste do seu sistema nervoso. Se puder deitar-se e descansar durante o dia, mesmo que por um período curto, como trinta minutos, você prolongará a duração de sua vida. Evite a fadiga; ela é uma assassina. A fadiga produz venenos que prejudicam o sistema nervoso e aceleram o envelhecimento. Quando estiver cansado, descanse pronta e completamente. Chegar ao ponto de exaustão é flertar com o perigo.

Sono reparador: o sono é uma das funções mais importantes da vida. Shakespeare chamou o sono de "o grande banho da natureza" e "principal fornecedor de alimento no banquete da vida". Os médicos são frequentemente questionados sobre a quantidade

BOA SAÚDE FÍSICA 147

de sono necessária. O Dr. LJ Steinbach, de Pittsburgh, Pensilvânia, um cientista de renome nacional, escreveu um excelente artigo sobre este assunto, o qual citamos em parte:

Requisitos de acordo com a idade. A regra de dormir 8 horas por dia se aplica melhor a adultos entre 21 e 50 anos. Embora seja popularmente aceito que os idosos dormem menos, isso não significa que eles precisem de menos horas de descanso. Depois dos 50, o corpo deve ter 10 horas ou mais, divididas entre o sono e o descanso. Depois dos 60, não menos de 12, das 24 horas do dia. A atividade mental não é tão exaustiva quanto a atividade física nos últimos anos de vida. Na infância e adolescência, o período de sono deve ser de 10 a 12 horas.

A tendência crescente de encurtar o descanso para cumprir as muitas demandas de nosso tempo é considerada por quase todos os pesquisadores como um grande perigo à saúde.

Quando você tirar e pendurar as roupas e se preparar para dormir, pendure também todas as preocupações, problemas, medos e ansiedades, deixando a mente livre para se concentrar neste procedimento de relaxamento, para alcançar um sono reparador: deite-se de costas, com as mãos ao lado do corpo. Alongue-se e depois relaxe. Faça isso algumas vezes, e então estará pronto para colocar todo o seu corpo para dormir.

Evite o hábito da automedicação. A natureza forneceu à humanidade um suprimento muito bom de remédios para a manutenção da saúde, mas ela os armazena em vegetais e frutas em seu estado natural, na forma de minerais. Todos esses minerais podem ser transformados em pílulas e remédios, mas parecem servir aos propósitos da natureza, funcionando muito melhor se forem consumidos em sua forma natural, a partir dos alimentos.

Além disso, a Inteligência Infinita forneceu a cada pessoa um químico que conhece a proporção exata, de cada um desses minerais, necessária para a manutenção da saúde. Quando a cura é efetivada normalmente, é a natureza que faz a cura; na maioria dos casos, os médicos apenas cooperam com a natureza no tratamento de doenças. Analgésicos não curam doenças. Quando você os toma, está destruindo o sinal de alerta da natureza apenas com um alívio temporário. Descubra como seu corpo funciona. Estude as combinações de alimentos exigidas pelo seu corpo e seus hábitos de funcionamento. Aprenda a ter moderação em seus hábitos alimentares. Use a autodisciplina em todos os seus hábitos. Assim, você expressará sua gratidão ao Criador da maior forma possível.

O hábito do jejum: o controle do peso não é a única função do jejum, pois todo animal menos inteligente que o homem recorre a ele para resolver quase todos os males físicos. O jejum dá o descanso necessário, tanto para o corpo quanto para a mente. Dá ao estômago e a outros órgãos vitais, incluindo coração e rins, tempo para pôr em dia o trabalho atrasado e lidar com o excesso imposto a eles por hábitos desregrados. Jejuns curtos, de um a três dias, devem ser feitos de tempos em tempos, sempre que se sentir fraco, lento e sem vitalidade. Às vezes, um único dia de jejum faz maravilhas nas condições físicas de uma pessoa.

Observe a sua saúde e, se ela estiver boa, agradeça a Deus e a valorize com consciência, pois a saúde é a segunda bênção que nós, mortais, somos capazes de controlar, uma bênção que o dinheiro não pode comprar. Imagine-se perfeitamente saudável

BOA SAÚDE FÍSICA

e são, de corpo e mente, com uma percepção aguçada de tudo o que é bom para você, como alimentação adequada, descanso, relaxamento e a consciência de uma saúde perfeita. Agora repita estas palavras:

- *Estou completamente saudável, mental e fisicamente, e faço o necessário para manter minha saúde em perfeito estado.*
- *Estou completamente saudável, mental e fisicamente, e faço o necessário para manter minha saúde em perfeito estado.*
- *Estou completamente saudável, mental e fisicamente, e faço o necessário para manter minha saúde em perfeito estado.*
- *Estou completamente saudável, mental e fisicamente, e faço o necessário para manter minha saúde em perfeito estado.*
- *Estou completamente saudável, mental e fisicamente, e faço o necessário para manter minha saúde em perfeito estado.*
- *Estou completamente saudável, mental e fisicamente, e faço o necessário para manter minha saúde em perfeito estado.*
- *Estou completamente saudável, mental e fisicamente, e faço o necessário para manter minha saúde em perfeito estado.*
- *Estou completamente saudável, mental e fisicamente, e faço o necessário para manter minha saúde em perfeito estado.*
- *Estou completamente saudável, mental e fisicamente, e faço o necessário para manter minha saúde em perfeito estado.*
- *Estou completamente saudável, mental e fisicamente, e faço o necessário para manter minha saúde em perfeito estado.*

16

Cooperação

A cooperação, como o amor e a amizade, é algo que se obtém dando. A estrada que leva à felicidade tem muitos viajantes. Você vai precisar da cooperação deles, e eles vão precisar da sua. O trabalho em equipe feito hoje pode tornar nosso país melhor para nossos filhos e para os filhos de outros homens, que têm o direito de esperar de nós algo além de uma montanha de dívidas públicas. Esta filosofia que você está recebendo veio dos homens que a criaram. Lembre-se de que você deve algo àqueles que virão a seguir. Esta nação deve prosperar. O padrão de vida deve ser mantido e elevado. Nosso sistema de livre-iniciativa deve ser preservado. Nossa democracia deve ser protegida. Nossas escolas e igrejas devem ter uma base sólida, e nossas fontes de renda devem ser asseguradas para o benefício daqueles que nos seguirão, assim como foram preservados para nós por aqueles que nos precederam.

Agora, voltemos a atenção para os métodos pelos quais os homens bem-sucedidos lucraram ao compreender e aplicar o princípio do trabalho em equipe. Vivemos em um mundo material, e uma de nossas principais responsabilidades é obter segurança econômica enquanto servimos como construtores de bons relacionamentos para outros. O trabalho em equipe e o espírito de amizade custam pouco em termos de tempo e esforço, e rendem enormes dividendos, não apenas em dinheiro, mas também nas melhores coisas da vida. Esse espírito ilumina o caminho para a felicidade de todos que o adotam e é o espírito que conduz à obtenção das doze riquezas da vida: 1) atitude mental positiva; 2) boa saúde física; 3) harmonia nas relações humanas; 4) liberdade de qualquer tipo de medo; 5) esperança de realização; 6) capacidade de ter fé; 7) disposição de compartilhar as próprias bênçãos; 8) trabalho feito por amor; 9) mente aberta em todos os assuntos; 10) autodisciplina; 11) capacidade de compreender as pessoas; e 12) segurança econômica. Que belo conjunto de riquezas! E cada uma delas está ligada às palavras *trabalho em equipe*. Cada uma dessas grandes riquezas está diretamente relacionada ao princípio da cooperação. Aprenda a cooperar com um espírito de amizade e você estará no caminho certo para adquirir todas essas riquezas.

Edwin C. Barnes estava orgulhoso de sua sociedade com o grande Thomas Edison. Vários anos depois de seu início com Edison, ele contou suas experiências e mencionou que sua associação comercial com o inventor estava lhe rendendo cerca de doze mil dólares por ano.

152   A Filosofia do Sucesso

"O quê?" exclamou um amigo. "Você é sócio do grande Edison, mas está ganhando apenas doze mil dólares por ano? Se eu tivesse essa oportunidade, estaria ganhando dez vezes esse valor."

Essa não foi exatamente a reação que o Sr. Barnes esperava, mas ele se recompôs e perguntou como o amigo faria isso.

"Como? Vou lhe dizer como", respondeu o amigo. "Você está empenhado em vender o fonógrafo de Edison, chamado Ediphone, e naturalmente tem uma equipe de vendedores em campo. Se eu estivesse em seu lugar, faria um acordo de trabalho amigável e cooperativo entre meus vendedores e os vendedores de outras empresas que fornecem equipamentos relacionados. Fonógrafos são vendidos para empresários que também usam máquinas de escrever, mesas, armários, impressoras e calculadoras, caixas registradoras, equipamentos e materiais de escritório em geral. Eu faria uma aliança entre minha equipe de vendas e os vendedores de cada um desses itens, propondo uma troca de favores. Eu instruiria meus vendedores a prestarem atenção às oportunidades de venda desses produtos de escritório em geral e a entregarem em meu escritório os nomes de todos os potenciais compradores. Então, entregaria esses nomes aos vendedores de materiais de escritório em troca de um serviço semelhante. Em outras palavras, os vendedores de material de escritório forneceriam aos meus vendedores os nomes das empresas que poderiam precisar dos fonógrafos de Edison, e meus vendedores forneceriam os nomes das empresas que poderiam precisar de equipamentos de escritório. Esse trabalho em equipe não custaria nada a ninguém, exceto o tempo necessário para anotar os nomes e entregá-los, mas forneceria a ambos os grupos de vendedores todas as indicações de vendas que pudessem querer. Agora você entendeu, meu amigo?"

"Sim", respondeu Barnes, "acho que sim."

Os resultados foram imediatos e animadores. A renda do Sr. Barnes começou a aumentar a passos largos, até chegar muito além de um aumento de dez vezes em relação à sua renda de doze mil dólares por ano. Não há direitos autorais sobre o plano de cooperação amigável do Sr. Barnes, e ele não requer muita habilidade ou experiência para ser adaptado às necessidades de qualquer um. É um fato amplamente conhecido que todos os grandes sucessos se devem ao trabalho em equipe.

Andrew Carnegie afirmou inúmeras vezes que sua enorme fortuna foi acumulada por meio do trabalho em equipe com outros homens que estavam associados a ele por meio de sua aliança de MasterMind. Sua aliança com Charles M. Schwab foi um exemplo notável de como dois homens podem se beneficiar trabalhando juntos para um fim definido. O Sr. Carnegie tirou o Sr. Schwab da posição de operário e lhe deu a oportunidade de se tornar um grande líder industrial, com as consequentes compensações financeiras. Por outro lado, o Sr. Schwab tornou-se o braço direito do Sr. Carnegie e o ajudou a construir um grande império industrial, que beneficiou milhões de homens e mulheres a quem, direta e indiretamente, forneceu empregos.

Onde quer que o espírito de trabalho em equipe seja a influência dominante, nos negócios ou na indústria, o sucesso é inevitável. Vamos agora para Baltimore, Maryland, onde examinaremos os negócios da McCormick and Company, fabricante e importadora de chás e especiarias. O plano pelo qual seus dirigentes e trabalhadores se relacionam é conhecido como "plano de gestão múltipla", que é outra forma de descrever a política de trabalho em equipe da empresa. Antes de descrever o plano de gestão múltipla, vejamos alguns dos benefícios do plano, que dá a cada colaborador um motivo definido para oferecer o seu melhor em todas as circunstâncias, garantindo, assim, a cada colaborador, a oportunidade de se promover por méritos próprios para qualquer cargo que ele possa ser qualificado a ocupar.

Em primeiro lugar, o plano de gestão múltipla inspira cada indivíduo ligado à empresa com um propósito maior definido: um desejo profundo de contribuir para o sucesso da companhia. Desenvolve a autoconfiança por meio da autoexpressão, que é livre de todos os medos. Incentiva o espírito esportivo dentro e fora do negócio. Desenvolve a liderança, incentivando o exercício da iniciativa pessoal e a vontade de assumir responsabilidades. Inspira o trabalho em equipe entre os funcionários e a gerência, eliminando a tendência das pessoas de passarem a responsabilidade para outros e de se esquivarem de responsabilidades individuais. Desenvolve o estado de alerta da mente e a avidez da imaginação. Fornece uma saída adequada para a expressão da ambição individual de uma maneira benéfica para cada indivíduo associado à empresa. Dá a todos um sentimento de pertencimento, e ninguém fica sem meios de obter reconhecimento pessoal por mérito. Inspira a lealdade entre os funcionários e a empresa, que é recíproca; assim, os problemas trabalhistas são inexistentes. Dá à empresa o benefício máximo possível de todo o talento, a inventividade e a visão criativa de cada funcionário, e oferece compensação adequada para esses talentos na proporção de seu valor.

Agora vamos examinar o plano como foi descrito por Robert Little na *Reader's Digest*:

Algo que um amigo ambicioso e capacitado me disse outro dia pareceu uma crítica significativa ao modo como muitas empresas americanas são administradas, e foi ainda mais significativo pois ecoou reclamações que todos já ouvimos uma vez ou outra e que, talvez, tenhamos sentido pessoalmente. "Tenho algo para dar à nossa empresa, mas ela parece não querer", disse meu amigo. "A gestão está em um lugar inatingível, e não consigo ter contato com ela. No começo, tentei dar sugestões, mas logo aprendi a ficar de boca fechada e fazer apenas o que me mandavam. Nos discursos frequentes para nós, os funcionários, o presidente, que mal me reconhece quando me vê no elevador, me pede para ser leal, como se a lealdade fosse uma via de mão única. Tive de implorar pelos poucos aumentos que recebi, e eles foram concedidos de má vontade, mas, mais do que dinheiro, quero reconhecimento, liberdade, uma sensação de realmente fazer parte dos negócios da empresa. A indiferença dos superiores faz com que muitos de nós, funcionários, tenhamos uma atitude de "eu não me importo". Eu acho que isso traz mais danos à empresa do que uma greve traria."

Tal reclamação jamais seria feita pelos funcionários da McCormick and Company, pois a empresa, por meio de seu plano de gestão múltipla, descobriu uma maneira de fazer uso de recursos de energia, iniciativa e entusiasmo, muitas vezes negligenciados pela gestão centralizada, e aprendeu como apelar ao coração, bem como à cabeça dos seus funcionários. Por 43 anos, o negócio de especiarias, chás e essências foi administrado pelo seu fundador, Willoughby M. McCormick, um gênio. Após sua morte, em 1932, foi sucedido por seu sobrinho, Charles P. McCormick. O jovem McCormick, mesmo após dezessete anos de aprendizado, não se sentia capaz de assumir o comando sozinho. Ele queria compartilhar as responsabilidades com aqueles que pudessem aprender a assumi-las. Ele acreditava que a independência deveria ser restaurada em uma organização mergulhada na rotina e que a criatividade deveria ser reavivada em pessoas que obedeceram a um mesmo homem por tanto tempo que acabaram usando apenas metade da sua mente. O conselho de administração da empresa era composto por homens de 45 anos ou mais. Seus hábitos de pensamento estavam enviesados pelo passado; era preciso algo a mais. E assim, da necessidade, nasceu a ideia de gestão múltipla.

McCormick escolheu dezessete jovens, de vários departamentos, e disse a eles: "Vocês são a diretoria júnior. Vocês complementarão o conselho sênior e o abastecerão com ideias. Elejam seu próprio presidente e secretário. Discutam tudo o que diz respeito aos negócios. Os livros contábeis estão disponíveis para vocês, e seus superiores estarão com a mente aberta para suas ideias. Façam qualquer recomendação que quiserem, com apenas uma condição: ela deve ser unânime".

Vi o conselho júnior em ação – dezessete jovens ao redor de uma longa mesa, todos repletos de ideias para melhorar o negócio. A atmosfera era leve. Havia muita brincadeira, mas, acima de tudo, pairava a sombra daquele dia, duas vezes ao ano, quando o conselho júnior elegia três novos membros após dispensar os três votados como os menos eficientes.

A essa altura, alguns empresários podem questionar: "É tudo muito bonito e democrático, mas compensa?". Sim, compensa. Os custos da empresa eram de 12%, em 1929. A rotatividade de mão de obra caiu para 6% ao ano e para ainda menos do que isso entre os funcionários mais jovens. Os funcionários recebiam um bônus no Natal, maior a cada ano, e um salário-mínimo muito acima do que era pago por trabalho equivalente em Baltimore. O total da folha de pagamento ficou 34% maior do que era em 1929, mas a produção também cresceu em 34%. Embora a organização fosse composta por cerca de dois mil funcionários, a individualidade de cada um era protegida e preservada, e eles tinham boas oportunidades de atrair atenção, tanto quanto teriam em uma pequena empresa. Assim, o plano de gestão múltipla da McCormick eliminou pelo menos uma das maiores maldições das grandes organizações industriais, em que muitas vezes os homens perdem sua identidade individual na multidão e apenas os ousados e agressivos têm a oportunidade de se promover, atraindo a atenção para seu trabalho. Como quase todo mundo sabe, a maioria dos homens trabalha mais para ter reconhecimento pessoal e receber elogios merecidos do que apenas por dinheiro. Por meio do plano de gerenciamento múltiplo, a McCormick and Company devolveu a alma à indústria. O plano deu a cada trabalhador múltiplas motivações para ir além e fazê-lo com o tipo certo de atitude mental.

O trabalho em equipe difere do princípio do MasterMind porque se baseia na coordenação de esforços, sem necessariamente abraçar o princípio da definição de um propósito ou o princípio da harmonia, dois importantes fundamentos do MasterMind. Existem dois tipos: 1) o trabalho em equipe voluntário, baseado na coordenação voluntária de esforços e livre de todas as formas de persuasão; 2) o trabalho em equipe involuntário, baseado em medo, força ou alguma necessidade. A diferença entre eles

158   A Filosofia do Sucesso

determina se qualquer forma de cooperação deve ser permanente e construtiva ou temporária e destrutiva.

O trabalho em equipe voluntário é o único tipo que leva a fins construtivos, que garante a permanência do poder por meio da coordenação de esforços. Os homens, muitas vezes, são forçados a cooperar na execução de determinado plano ou propósito, às vezes por necessidade econômica, às vezes por medo, mas não continuam seu esforço cooperativo por um tempo mais longo do que o necessário para eliminar o motivo que os impeliu. O trabalho em equipe produz poder, mas se o poder será temporário ou permanente depende do motivo que inspirou a cooperação. Se a motivação inspira as pessoas a cooperarem voluntariamente, o poder produzido por esse tipo de trabalho em equipe durará enquanto esse espírito de boa vontade prevalecer. Se o motivo for do tipo que força as pessoas a cooperarem, seja medo ou qualquer outra causa negativa, o poder produzido será temporário. Grande poder físico pode ser produzido pela coordenação de esforços individuais, mas a resistência desse poder, sua qualidade, alcance e força derivam de algo intangível, conhecido como espírito, com o qual os homens trabalham juntos para alcançar um fim comum. Quando o espírito de trabalho em equipe é voluntário, de boa vontade e livre, ele leva à obtenção de um grande e duradouro poder.

Imagine-se em uma equipe muito entusiasmada, de alto-astral, com fé e confiança, todos trabalhando em perfeita harmonia, em direção a um objetivo comum. Essa é, verdadeiramente, uma combinação imbatível. Agora diga:

- *Eu coopero prazerosamente e de boa vontade com meus semelhantes, em um trabalho em equipe que vale a pena.*

- *Eu coopero prazerosamente e de boa vontade com meus semelhantes, em um trabalho em equipe que vale a pena.*
- *Eu coopero prazerosamente e de boa vontade com meus semelhantes, em um trabalho em equipe que vale a pena.*
- *Eu coopero prazerosamente e de boa vontade com meus semelhantes, em um trabalho em equipe que vale a pena.*
- *Eu coopero prazerosamente e de boa vontade com meus semelhantes, em um trabalho em equipe que vale a pena.*
- *Eu coopero prazerosamente e de boa vontade com meus semelhantes, em um trabalho em equipe que vale a pena.*
- *Eu coopero prazerosamente e de boa vontade com meus semelhantes, em um trabalho em equipe que vale a pena.*
- *Eu coopero prazerosamente e de boa vontade com meus semelhantes, em um trabalho em equipe que vale a pena.*
- *Eu coopero prazerosamente e de boa vontade com meus semelhantes, em um trabalho em equipe que vale a pena.*
- *Eu coopero prazerosamente e de boa vontade com meus semelhantes, em um trabalho em equipe que vale a pena.*

17

A força cósmica do hábito

O propósito deste capítulo é descrever e explicar a lei pela qual você adquire hábitos, uma lei de alcance e força tão estupendos que pode, a princípio, ser difícil de entender. Essa lei é conhecida como *força cósmica do hábito*, nome que nos permite perceber que ela pertence ao Universo como um todo e às leis que o governam.

Essa lei mantém o equilíbrio de todo o Universo em ordem, por meio de hábitos estabelecidos. A lei obriga todos os seres vivos e todas as partículas inertes de matéria a aderirem e seguirem as vibrações de seu ambiente, incluindo, é claro, os hábitos físicos e os hábitos de pensamento da humanidade. Essa lei impõe a cada criatura viva a influência dominante de seu ambiente. A natureza e o Universo são organizados e ordenados. Há ordem em todos os lugares. A mesma lei que mantém nosso pequeno planeta Terra

A FORÇA CÓSMICA DO HÁBITO   161

no espaço e o relaciona com todos os outros planetas relaciona os seres humanos entre si em exata conformidade com a natureza de seus próprios pensamentos.

A força cósmica do hábito controla todas as leis naturais. É a grande lei na qual todas as outras leis naturais se encontram. A força cósmica do hábito é a Inteligência Infinita em operação. Os hábitos de pensamento dos indivíduos são automaticamente fixados e se tornam permanentes pela força cósmica do hábito, não importa se são negativos ou positivos.

A mesma força que mantém o equilíbrio preciso entre todas as ações e reações da matéria e as relações de tempo e espaço dos elementos da criação também constrói hábitos de pensamento humano com vários graus de permanência. Hábitos de pensamento negativo, de qualquer tipo, atraem ao seu criador manifestações físicas correspondentes à sua natureza, tão perfeita e inevitavelmente como a natureza germina a noz que se transforma em um carvalho. Pela operação da mesma lei, pensamentos positivos alcançam o vasto oceano de poder potencial que nos cerca e atraem os equivalentes físicos de sua natureza.

Você cria padrões de pensamento repetindo certas ideias ou comportamentos; a lei da força cósmica do hábito controla esses padrões e os torna mais ou menos permanentes, até que você os reorganize conscientemente. O método empregado pela força cósmica do hábito para converter uma emoção ou desejo positivo criado na mente humana e manifestar seu equivalente físico é este: ela intensifica essa emoção ou desejo até que induza a fé, pela qual a mente é receptiva ao influxo da Inteligência Infinita, de onde derivam planos perfeitos a serem seguidos pelo indivíduo para atingir o objetivo desejado. Meios naturais são usados para realizar tais planos.

Muitas vezes uma pessoa fica impressionada com o que parecem ser coincidências favoráveis à medida que executa seus planos, mas essas coisas estranhas e inexplicáveis acontecem de uma maneira perfeitamente natural. A força cósmica do hábito tem a capacidade de conferir ao pensamento o poder de superar todas as dificuldades, remover todos os obstáculos, superar todas as resistências. O que exatamente é esse poder é um segredo tão profundo quanto o segredo que faz com que uma semente de trigo germine, cresça e se reproduza.

Podemos comparar o cérebro do homem a um grande rio que tem uma divisão no meio. O rio está fluindo constantemente, mas de um lado ele está fluindo em uma direção, levando tudo o que ociosamente flutua nele, para a decepção e o fracasso. A outra metade está fluindo na direção oposta e leva para o sucesso e para o poder de todos que deliberadamente entram nela. A força que flui no rio do cérebro é o poder do pensamento. O lado do fracasso é o pensamento negativo; o lado do sucesso é o pensamento positivo. Se sua vida não é o que você quer que ela seja, você deixou o poder da força cósmica do hábito levá-la ao lado do fracasso do rio do pensamento.

Agora vamos ver como a força cósmica do hábito pode ser benéfica a você em conexão com sua saúde física.

Pensamento. Uma mente positiva leva ao desenvolvimento de uma consciência de saúde. A força cósmica do hábito conduz esse padrão de pensamento até a sua conclusão lógica, mas com a mesma facilidade executará o quadro oposto, de uma consciência de problemas de saúde criados por pensamentos hipocondríacos, chegando ao ponto de produzir sintomas físicos e mentais de qualquer doença na qual o indivíduo fixe seus pensamentos, por meio do medo.

Alimentação. O poder dos pensamentos do indivíduo se envolve e torna-se uma parte vital da energia que é transportada para o corpo por meio da comida. Preocupação, medo e pensamentos negativos envenenam a comida; portanto, hábitos de pensamento controlados durante as refeições são de extrema importância para a manutenção da saúde.

Trabalho. A força cósmica do hábito também pode estar ligada ao seu trabalho, a atividade à qual você dedica a maior parte do seu tempo e que é a sua fonte de renda. Aqui, também, sua atitude mental se torna um aliado vital para a cura silenciosa que está trabalhando em cada célula do seu corpo enquanto está engajado na ação física. O trabalho somente deve ser misturado com pensamentos positivos.

Eliminação de resíduos do organismo. Esse processo ocorre por meio do fígado, dos pulmões, dos poros da pele e do tubo digestivo. Os processos de eliminação funcionam em um ritmo e em perfeita ordem quando apoiados pelos hábitos adequados de pensamento e alimentação; esses padrões são adotados e se tornam permanentes pela força cósmica do hábito.

Agora chegamos à relação da força cósmica do hábito com os benefícios econômicos e financeiros – um propósito principal definido. Esse, como você sabe, é o ponto de partida de todo o sucesso. Você pode condicionar sua mente e seu corpo para que entreguem para a força cósmica do hábito as imagens exatas – por meio de seus hábitos de pensamento – da situação financeira que deseja manter; estas serão automaticamente captadas e levadas à sua conclusão lógica por uma lei infalível da natureza, que não conhece o fracasso.

Deixe-me chamar sua atenção para o método adequado para acabar com o domínio da força cósmica do hábito sobre uma consciência de pobreza e substituí-la por uma consciência de prosperidade. Eu tenho oito "príncipes" – títulos imaginários que criei em minha mente para dar instruções específicas ao meu subconsciente (que é onde esses pequeninos vivem). Eles são: 1) o príncipe da prosperidade financeira; 2) o príncipe da boa saúde física; 3) o príncipe da paz de espírito; 4) o príncipe da esperança; 5) o príncipe da fé; 6) o príncipe do amor; 7) o príncipe do romance; e 8) o príncipe da sabedoria geral. Como parte de minha meditação diária, converso com cada um desses prestativos servos, expressando minha gratidão a eles pelo esplêndido serviço que prestam e sugerindo maneiras pelas quais podem realizar trabalhos ainda maiores.

Essa técnica é muito eficaz para condicionar a minha mente e equilibrar as circunstâncias da minha vida. Esses meus servos estão ocupados formando padrões para que a força cósmica do hábito os assuma e execute.

A seguir, estão as instruções para você que quer adotar e realizar um grande propósito definido na vida:

1. Escreva uma declaração completa, clara e definida de seu principal objetivo na vida, assine-a e guarde-a na memória. Em seguida, repita-a oralmente, pelo menos uma vez por dia, se possível.

2. Escreva um plano claro e definido pelo qual você pretende começar a atingir seu propósito principal definido. Indi-

que o tempo máximo permitido para a sua realização e, especificamente, que tarefa está disposto a prestar em troca de sua realização.

3. Torne seu plano suficientemente flexível para permitir mudanças sempre que você sentir que são necessárias.

4. Não partilhe seu propósito principal e seus planos para alcançá-lo com ninguém, exceto com seus associados de aliança de MasterMind.

Agora lhe direi dois tipos de hábitos que, se puderem vagar livremente em sua mente, irão se fixar e serão levados a cabo até que uma adversidade rompa seu controle sobre você ou você os quebre voluntariamente. Aqui está a lista dos negativos: pobreza, doença imaginária, preguiça, inveja, ganância, vaidade, cinismo, vagar sem objetivo ou propósito (andar à deriva), irritabilidade, vontade de ferir os outros, ciúme, desonestidade, arrogância e sadismo. Aí vêm os aspectos positivos, e quero que você, deliberadamente, comece a fixá-los em sua mente: definição de propósito, fé, iniciativa pessoal, entusiasmo, vontade de ir além (andar uma milha a mais).

Desejo rever os meios de desenvolver o seu ego, o que lhe permitirá tirar vantagem dessa grande lei da força cósmica do hábito, estabelecendo, conscientemente, hábitos a serem adotados por ela.

1. Alie-se ativamente com uma ou mais pessoas que possam ajudá-lo a atingir seu objetivo principal.

2. Formule um plano. Os membros da sua aliança podem ajudá-lo nisso.

3. Evite pessoas e circunstâncias que o façam se sentir inferior.
4. Feche a porta para experiências desagradáveis do passado.
5. Cerque-se de meios físicos para impressionar sua mente com a natureza de seu propósito na vida.
6. Construa seu ego com equilíbrio, sem inflá-lo demais ou diminuí-lo.

Agora quero chamar sua atenção para duas grandes forças que, como mencionei, estão trabalhando na mente de todos, para nos tornar o que somos: *hereditariedade social* e *hereditariedade física*. A hereditariedade física é a lei da natureza pela qual a soma de todas as características, traços e aspectos físicos de seus ancestrais, ao longo dos tempos, foi transmitida a você. A hereditariedade social consiste em todas as influências com as quais você entrará em contato desde o momento em que atingir um estado de consciência até a morte. É um grande dia em sua vida quando você consegue romper com sua hereditariedade social e começa a pensar por conta própria.

Tanto a hereditariedade social quanto a física estão sob a direção da força cósmica do hábito. Embora sejamos muito limitados em relação à mudança na hereditariedade física, podemos romper o controle da força cósmica do hábito no caso da hereditariedade social.

Existem apenas três princípios inerentes ao estabelecimento voluntário de um hábito, resultante de sua hereditariedade social. Eles são muito importantes, então lembre-se bem deles:

1. Plasticidade, que significa simplesmente o poder, propriedade ou capacidade de mudar ou ser mudado.

A FORÇA CÓSMICA DO HÁBITO   167

2. Frequência de impressão. Um fator que afeta a velocidade com que um hábito pode ser estabelecido é a frequência com que a impressão é feita.

3. Intensidade da impressão. Se uma ideia for impressa na mente com toda a emoção de que você é capaz – como um desejo obsessivo –, ela terá um impacto maior do que se você simplesmente expressar um desejo sem vontade, mesmo que as palavras empregadas sejam idênticas.

O núcleo de toda esta filosofia de realização pessoal está na força cósmica do hábito. Todos os princípios anteriores levam ao estabelecimento de uma atitude mental positiva, que coloca a pessoa no caminho certo para ser beneficiada pelo mestre de todas as leis naturais. Controle sua atitude mental, mantendo-a positiva exercitando a autodisciplina, preparando o solo mental, deixando-o pronto para qualquer plano, propósito ou desejo que puder ser plantado por impressões repetidas e intensas, com a certeza de que germinará e crescerá, e você encontrará, por fim, a manifestação disso em seu equivalente material, por quaisquer meios disponíveis.

Agora, você deve entender a importância de manter uma atitude mental positiva para estabelecer padrões de consciência de saúde e de consciência de sucesso. Faça da hora da refeição um evento animado e feliz, com uma atitude de agradecimento e adoração. Aborde o seu trabalho com a mesma atitude. Equilibre em sua vida os quatro fatores: trabalho, diversão, amor e adoração. Siga cuidadosamente a fórmula apresentada para desenvolver seu ego de forma construtiva. Intencionalmente, comece a adquirir hábitos de pensamento e ação que são neces-

168   A Filosofia do Sucesso

sários para alcançar seu propósito na vida. Se você quer sair da rotina em que está, tem os meios para fazer isso à sua disposição. Mude seus hábitos de pensamento.

Espero, sinceramente, que você tenha gostado de ler este livro tanto quanto gostei de prepará-lo. Encerrarei estas lições com um desejo citado em um dos meus antigos programas de rádio favoritos: "Desejo-lhe paz, hoje e sempre".

Agora repita várias vezes ao dia:

- *Eu controlo meus pensamentos o tempo todo. Tenho uma atitude mental positiva e alerta e persistentemente penso e ajo na direção do meu bem e dos meus objetivos.*
- *Eu controlo meus pensamentos o tempo todo. Tenho uma atitude mental positiva e alerta e persistentemente penso e ajo na direção do meu bem e dos meus objetivos.*
- *Eu controlo meus pensamentos o tempo todo. Tenho uma atitude mental positiva e alerta e persistentemente penso e ajo na direção do meu bem e dos meus objetivos.*
- *Eu controlo meus pensamentos o tempo todo. Tenho uma atitude mental positiva e alerta e persistentemente penso e ajo na direção do meu bem e dos meus objetivos.*
- *Eu controlo meus pensamentos o tempo todo. Tenho uma atitude mental positiva e alerta e persistentemente penso e ajo na direção do meu bem e dos meus objetivos.*
- *Eu controlo meus pensamentos o tempo todo. Tenho uma atitude mental positiva e alerta e persistentemente penso e ajo na direção do meu bem e dos meus objetivos.*

A FORÇA CÓSMICA DO HÁBITO

- *Eu controlo meus pensamentos o tempo todo. Tenho uma atitude mental positiva e alerta e persistentemente penso e ajo na direção do meu bem e dos meus objetivos.*

- *Eu controlo meus pensamentos o tempo todo. Tenho uma atitude mental positiva e alerta e persistentemente penso e ajo na direção do meu bem e dos meus objetivos.*

- *Eu controlo meus pensamentos o tempo todo. Tenho uma atitude mental positiva e alerta e persistentemente penso e ajo na direção do meu bem e dos meus objetivos.*

- *Eu controlo meus pensamentos o tempo todo. Tenho uma atitude mental positiva e alerta e persistentemente penso e ajo na direção do meu bem e dos meus objetivos.*

Se minha mente consegue imaginar,
se eu consigo acreditar,
então consigo realizar!
Napoleon Hill

Quando o sucesso acontece?

por JAMIL ALBUQUERQUE

O sucesso acontece quando você consegue enxergá-lo. É a percepção do seu contexto. É a expansão do seu ramo de trabalho. A manutenção desse binômio, sucesso e trabalho, chama-se triunfo. O triunfo é um momento providencial do espírito no mundo. É quando o comportamento se ajusta aos valores. Esse é o êxito que gera paz interior e uma sensação de plenitude. Fundamenta-se na autonomia do ser humano, além de qualquer fator externo.

O dinheiro é o resultado dessa equação.

Introdução

Existem sínteses que valem por uma tese. O poema *Filosofia do sucesso* é uma delas. Ele é considerado a essência da filosofia que mais influenciou líderes e empreendedores no mundo inteiro. É um dos textos motivacionais mais conhecidos, estudados e provavelmente um dos mais lidos depois da Bíblia Sagrada.

Publicado em 126 países do mundo, é um dos maiores *long sellers* – publicações literárias que nunca pararam de ser impressas – da história.

Durante vinte anos, Napoleon Hill pesquisou e acompanhou a ascensão de alguns dos homens mais ricos do mundo. Hill queria descobrir se eles tinham características em comum que produziam essa fortuna. Em 1928 ele publicou o resultado dessa pesquisa em um livro memorável, com 1.280 páginas, em oito volumes, chamado *A lei do triunfo*. Ele catalogou dezessete comportamentos, que chamou de leis de êxito, e que quando presentes em determinadas pessoas, independentemente de estarem na África, na Ásia, na Europa, na Oceania ou na América, proporcionariam a elas uma vida acima da mediocridade.

Nesse gigantesco tomo, Hill localizou o ponto central de convergência, que é a essência da natureza do comportamento humano para a preservação da espécie. Ele encontrou esse código no poema que ficou conhecido como *Filosofia do sucesso*. A base do poema, em torno de 30% do texto, veio de um escrito de Walter Wintle, publicado por volta de 1895. Hill ajustou e adaptou o texto à sua pesquisa. Por isso ele é conhecido como sendo um poema de Hill.

Esse poema já foi lido por mais de trezentos milhões de pessoas. A mensagem se difundiu não só nos Estados Unidos, como também em dezenas de países poderosos do mundo, entre eles Inglaterra, Alemanha, França, Itália, Japão, Austrália. Hoje a Rússia, a Índia e a China são nações em que o texto se difunde de forma extraordinária.

Empresas de vendas do mundo inteiro reproduziram o poema. Algumas delas, no início do século 20, chegaram a encomendar entre cem a duzentas mil cópias para serem distribuídas entre seus colaboradores e clientes.

No Brasil, empresas publicam o poema em suas agendas comerciais, divulgam em seus murais internos, o espalham nas redes sociais e fazem treinamentos baseados na mensagem contida nessa filosofia.

O grupo MASTERMIND, escola de negócios para líderes, é um dos maiores divulgadores e herdeiros dessa filosofia no Brasil e nos países de língua portuguesa.

Autodesenvolvimento

Os livros sobre "como tornar-se bem-sucedido" são um grande gênero editorial que ocupa quilômetros de estantes, em especial nos Estados Unidos.

Eles começaram a surgir em 1790, com a autobiografia de Benjamin Franklin, um grande estadista, inventor e político norte-americano, e um dos fundadores da república dos Estados Unidos da América.

No livro, Franklin motiva, encoraja e educa seus leitores por meio de sermões. Entre os mais conhecidos estão "Não há ganho sem dor" e "Deus ajuda quem cedo madruga", entre tantos outros. Com esses textos, Franklin inaugurou o que se pode chamar de literatura de desenvolvimento pessoal – esse conceito da ciência do comportamento que encorajou tanta gente e que é uma educação informal para a vida e os negócios.

Pouco mais de meio século depois, em 1874, surgiu o livro de William Matthew *Dando-se bem com o mundo*. Matthew foi o primeiro a tratar o tema "como ser bem-sucedido" mais diretamente. A obra foi um tremendo sucesso e abriu caminho para outros autores. Em 1876 William Maher escreveu *A caminho da riqueza*, e em 1881 Edwin T. Freedley lançou *O segredo do sucesso da vida*, livros que estabeleceram as primeiras raízes para esse segmento literário.

Sabe por que, até hoje, quase 150 anos depois, os livros de autodesenvolvimento continuam sendo editados? Porque eles causam impacto positivo na vida das pessoas! Sem resultados positivos, nada permanece por tanto tempo.

A seguir, vamos analisar esse segredo juntos!

Por que Napoleon Hill é o maior?

Napoleon Hill deu forma a esse segmento literário, sendo considerado o maior escritor de motivação pessoal de todos os tempos por dois motivos: primeiro, porque ele foi o primeiro a fazer grande sucesso no início da comunicação de massa e, também, porque fez a mais longa e criteriosa pesquisa para descobrir o segredo, a fórmula dos bem-sucedidos. Por duas décadas, ele reuniu tudo que vinha sendo dito ao redor do mundo por homens e mulheres sobre o desenvolvimento pessoal, colocou tudo à prova e sintetizou o essencial em uma só filosofia.

Hill transformou todo o conhecimento e a informação disponíveis sobre o tema em um método, e o colocou sob um guarda-chuva conhecido como MASTERMIND. Esse método é um sistema de desenvolvimento das competências essenciais do ser humano, baseado em dezessete princípios, fruto vigoroso de uma das mais diligentes pesquisas. Hill fez história como escritor e pesquisador do comportamento humano no trabalho em função dessa filosofia.

Nascido em 1883, no estado da Virgínia, nos Estados Unidos, Hill teve origem muito pobre. Vivia com a família em uma casa com apenas dois cômodos. Aos nove anos de idade perdeu a mãe. Órfão, teve que começar a trabalhar. Seu pai casou-se novamente, e sua madrasta, ao presenteá-lo com uma máquina de escrever, deu a ele a oportunidade de mudar sua vida. Aos treze anos, Hill já fazia bicos para pequenos jornais de sua cidade natal.

Mas a vida de Hill começaria a mudar de fato em 1908, quando recebeu a incumbência de entrevistar o senhor Andrew Carnegie. Segundo alguns historiadores, o senhor Andrew, o milionário do aço americano, era considerado o homem mais rico do mundo do início do século 20. O encontro entre os dois marcou o início de uma relação que anos depois geraria valiosos frutos.

O senhor Andrew, encantado com a personalidade agradável do jovem Hill, convidou-o para passar o fim de semana em sua casa, para que pudessem aprofundar a entrevista. Aquele fim de semana foi um divisor de águas na vida do jovem jornalista do interior. O primeiro passo de uma longa jornada até cravar seu nome na história.

Na conversa entre os dois, saiu o grande questionamento que desde há muito inquieta e incomoda muitos pensadores: por que algumas pessoas fazem sucesso e outras não?

O senhor Andrew revelou ao jovem repórter a sua crença de que seria possível criar uma ciência do sucesso. A seleção de virtudes, características e qualidades que, se reunidas, garantiriam o êxito a qualquer indivíduo que tivesse a disciplina e a diligência de reproduzir esse modelo.

O milionário então propôs a Hill que iniciasse um grandioso projeto. Ele deveria entrevistar centenas de pessoas que triunfaram e se mantiveram no triunfo. O senhor Andrew disse que estava certo de que o trabalho não poderia ser cumprido em menos de duas décadas. Afinal, fazer sucesso por um ano é relativamente fácil. Contudo, permanecer no topo é o grande desafio. Mas o senhor Andrew disse estar convicto de que o estudo valeria a pena, porque o resultado beneficiaria milhões de pessoas no mundo inteiro. O grande milionário do aço acreditava que o sucesso deixava rastros que poderiam ser mapeados e seguidos por outras pessoas.

Assim, sem receber qualquer remuneração fixa a não ser o reembolso de algumas despesas iniciais, Hill dedicou vinte anos de sua vida à realização desse projeto. Nesse período, fez cerca de dezesseis mil entrevistas com empreendedores. Utilizando mapas de critérios absolutos e desejáveis, Hill aprofundou a pesquisa com as quinhentas maiores fortunas de sua época e teve participação direta dos quarenta maiores triunfadores de seu tempo. Entre eles, estão figuras mitológicas como Theodore Roosevelt, John D. Rockefeller, Henry Ford, Alexander Graham Bell, Clarence Darrow e Thomas A. Edison. Com o poema *Filosofia do sucesso*, ele sintetizou as 1.080 páginas do resultado de sua pesquisa em 21 versos.

A seguir, o famoso poema:

Filosofia do sucesso

Se você pensa que é um derrotado,
você será derrotado.
Se não pensar: quero com toda a força,
não conseguirá nada!
Mesmo que você queira vencer, mas pensa e que
não vai conseguir, a vitória não
sorrirá para você!

Se você fizer as coisas pela metade,
você será um fracassado!
Nós descobrimos neste mundo
que o sucesso começa pela intenção da gente
e tudo se determina pelo nosso espírito!
Se você pensa que é malsucedido,
você se torna como tal.
Se você almeja atingir uma
posição mais elevada
deve, antes de obter a vitória,
dotar-se de convicção de que conseguirá, infalivelmente.

A luta pela vida nem sempre é vantajosa
aos fortes, nem aos espertos.
Mais cedo ou mais tarde
quem cativa a vitória é aquele que crê, plenamente:
Eu conseguirei!

Por que será que esse poema é tão motivador?

É isso que será analisado em seguida.

O que faz você se superar?

Uma das características de Napoleon Hill é o uso da antítese. Por meio do contraditório, o autor ensina a lição por contraste. Apresentam-se dois caminhos, duas situações ou dois destinos, e implicitamente deixa-se a escolha com o leitor.

O SUCESSO começa a acontecer quando começamos a decidir.

No brasão da cidade de São Paulo está escrito: *Non Ducor, Duco!*, frase em latim que significa "Não sou conduzido, conduzo!". Decidir é o que faz a diferença entre ser comandado ou ser comandante. Esse brasão é símbolo de um ato de coragem.

Não é por acaso que a cidade é a locomotiva do desenvolvimento do Brasil, é a mais empreendedora. É porque no seu conceito de futuro, na sua identidade, decidiu conduzir.

Decidir é desafiar a si mesmo

Toda pessoa, quando desafiada, tende a adquirir a coragem do enfrentamento, que é um instinto natural de sobrevivência. O desafio é a nossa energia! Não é por acaso que esse é o *slogan* de uma das maiores empresas brasileiras e do mundo.

Quantas vezes na vida você já ouviu alguém dizer: "Fiz isso só para dar na cara de tal pessoa!"? Por que alguém faria algo, muitas vezes contra a própria vontade, só para provocar, ofender ou prejudicar o outro? A resposta é simples: porque essa pessoa se sentiu desafiada pela outra. Quando alguém diz isso é porque ficou um sentimento de dor. O interessante é que você pode experimentar essa mesma energia, sem a dor, estabelecendo metas desafiadoras que o levarão ao triunfo. Desafios nos estimulam para o sucesso. O segredo, então, é: tenha metas que o desafiem!

Vamos à filosofia do sucesso!

Se você pensa que é um derrotado, você será derrotado!

Essa foi a máxima de Henry Ford! "Se você pensa que pode ou se pensa que não pode, nos dois casos, você tem razão!" Aqui está o segredo. O pensamento é a matéria-prima da realização. Aquilo que você pensa, você se torna. O futebol que se joga na mente é mais importante do que o futebol que se joga no campo. O campeão não se faz somente no ringue. O campeão é feito bem antes, na mente. O ringue apenas confirma o campeão.

Se você quer tornar-se um triunfador, vigie seu pensamento. É nele que estão contidas as sementes dos seus resultados futuros. A mente é como um jardim. Se você não cuidar dele, se não cultivar boas sementes, se deixá-lo ao acaso, inevitavelmente as ervas daninhas tomarão conta dele.

Se não pensar: quero com toda a força, não conseguirá nada

Querer com toda a força é "EMOTIZAR" o seu objetivo a ponto do "querer virar um poder".

Se analisarmos as pessoas que desenvolveram uma vida acima da mediocridade, perceberemos que tudo o que elas fizeram foi focar nas coisas certas, evitando ao máximo pensar nas coisas erradas. Elas não desperdiçam tempo com o que está fora de seu ponto de interesse. Transformam sua vida em um caminho simples, claro, direto, expondo-se aos desafios com muito entusiasmo e com vibração intensa.

Não estou querendo dizer que estar entre os bem-sucedidos seja fácil. Tampouco que um simples desejo fará você chegar lá. Estou afirmando que aqueles que definirem seu propósito com base em seu talento e desenvolverem com disciplina a atividade pela qual têm uma paixão natural não acharão o processo mais doloroso do que aqueles que se sentarem à beira do caminho e reclamarem a vida inteira da falta de sorte.

Mesmo que você queira vencer,
mas pense que não vai conseguir,
a vitória não sorrirá para você!

A maioria das pessoas deseja vencer, mas, ao mesmo tempo, tem um pensamento de impotência, uma crença de incapacidade que sabota esse desejo.

Hill disse isto de maneira encantadora: "Querer, somente, não traz riquezas. É preciso desejá-las com um estado de espírito que se torne uma ideia fixa, planejar meios e modos definidos para conquistá-la e basear esses planos em uma persistência que não admita o fracasso".

Por outro lado, colocar a atenção em algo que você não queira significa que também vai receber isso. Por quê? Devido ao sentimento em relação ao assunto. Sentimento alinhado com pensamento é semente em solo fértil. Pense que vai conseguir e descanse na fé.

Se você fizer as coisas pela metade,
você será um fracassado!

Napoleon Hill dizia que qualquer pessoa pode conseguir qualquer coisa desde que tenha três disciplinas: disciplina no pensamento, disciplina no comportamento e disciplina na execução. Desistir é falta de disciplina no comportamento.

Quem desiste nunca vence, quem vence nunca desiste! A experiência com milhares de pessoas que fracassaram provou que a falta de persistência é uma fraqueza comum à maioria delas.

Mas trata-se de uma fraqueza que pode ser superada pelo esforço. Se pretende realizar o desejo que estabeleceu para si mesmo, você precisa criar o hábito da persistência.

As coisas vão ficar difíceis – vai parecer que não há mais razão para continuar. Vai chegar um momento em que tudo em você lhe dirá para desistir, para parar de tentar. É nesse ponto que as pessoas verdadeiramente amadurecem. É exatamente aqui que, se andar uma "milha a mais", o céu vai clarear e você começará a ver os primeiros sinais da abundância que deverá ser sua, porque teve coragem de persistir.

Diante das maiores dificuldades, lembre-se de que tudo passa! "Se fores frouxo no dia da tua angústia, a tua força será pequena."

Nós descobrimos neste mundo que
o sucesso começa pela intenção da gente
e tudo se determina pelo nosso espírito!

Você nunca teria pensado em seu desejo principal se sua fé não estivesse palpitando em você.

Se, às vezes, você encontra dificuldade para acreditar em si mesmo, veja o que Hill escreveu: "A fé é o estado de autossugestão consciente. A autossugestão consciente significa simplesmente uma sugestão de você para você mesmo, assim como uma autobiografia é uma biografia escrita pela própria pessoa. Pela projeção de sua própria imagem mental já tendo realizado seu desejo principal, você vai reunir a fé de que precisa".

A fé produz o pensamento positivo. A fé é a maravilha da certeza. Como se faz para colocar isso em prática? Concentrando-se em seu desejo ardente até que sua mente sub-consciente aceite isso como fato para assim começar a achar maneiras de realizá-lo. É nesse ponto que aparecem lampejos de inspiração orientadora.

**Se você pensa que é malsucedido,
você se torna como tal.**

No livro de Jó, um dos livros sagrados mais filosóficos de to-dos os tempos, no primeiro capítulo, aparece um dos diálogos mais inusitados da Bíblia Sagrada: o diálogo entre Deus e o diabo. Mais adiante, tem uma parte do texto que diz: "O que eu mais temia me aconteceu!".

O que isso quer dizer? Usando uma linguagem eclesiástica, isso significa que a unção que você respeita é a unção que você recebe. O ente ou o objeto no qual você foca a atenção focará a atenção em si. Você sempre será vítima do que o apavora. Tenha consciência do poder criativo da mente.

Pense que você será bem-sucedido, e o sucesso olhará para você!

**Se você almeja atingir
uma posição mais elevada
deve, antes de obter a vitória,
dotar-se de convicção de que
conseguirá, infalivelmente.**

Uma boa maneira de determinar se você tem ou não um desejo ardente é examinar a maneira como você o persegue. Se persegue o que deseja timidamente, em uma tentativa de não se comprometer, não tem um desejo ardente. Você não pode dar o segundo passo se ficar com os dois pés no primciro.

Porém, se está disposto a queimar as pontes atrás de si e dizer, de uma vez por todas: "É isso que eu vou fazer e nunca vou voltar atrás!", você tem a espécie de desejo que só pode terminar em sucesso.

É preciso esse tipo de determinação para que você seja capaz de erguer-se após as quedas que certamente sofrerá. Lembre-se: as únicas pessoas que não cometem erros são aquelas que nunca tentam nada.

Conheço pessoas vitoriosas que sempre serão vitoriosas, sabe por quê? A resposta é simples, mas não simplista nem simplória; simples porque todas as verdades são simples: as pessoas vitoriosas nunca desistem dos seus sonhos e sempre terminam aquilo que começam.

A luta pela vida nem sempre é vantajosa aos fortes, nem aos espertos.

Força e esperteza são ferramentas poderosas, mas não são determinantes. Por mais que encontre dificuldades pelo caminho, jamais desista. Pois saiba que o campo da derrota não está povoado de homens fracassados, mas, sim, de homens que desistiram antes de vencer.

A luta pela vida sempre é vantajosa para quem sabe para onde está indo. É melhor estar parado olhando para a direção certa do que correndo na direção errada. A força de uma pessoa não está no ataque, mas na resistência. "Mude, mas mude devagar, porque mais importante que a rapidez é a direção." Quem sabe o que quer tem paciência. Paciência é o somatório de paz mais ciência. Paz sem angústia criativa é pasmaceira. Angústia com objetivo traz a você a paz das decisões tomadas.

Mais cedo ou mais tarde.

No fim tudo dá certo. Se ainda não deu certo é porque ainda não chegou ao fim. Se você tem todos os motivos para não acreditar, porque se decepcionou ou sofreu uma derrota, não importa: persista! Mesmo as experiências mais duras são de valor incomparável, pois elas fortalecem o espírito!

Hill nos ensina que os caminhos da vida muitas vezes são estranhos e tortuosos, e mais estranhos ainda são os rumos da Inteligência Infinita, que nos forçam a passar por todo tipo de adversidade, provações e sacrifício, até descobrir na própria mente a capacidade de criar, por meio da imaginação, as ideias necessárias para desenvolvermos o melhor que há em nós.

Quem cativa a vitória
é aquele que crê, plenamente:
Eu conseguirei!

Nada, nem mesmo o talento, supera a persistência. O mundo está cheio de pessoas talentosas fracassadas. Nem a educação formal supera a persistência. Pessoas com diplomas na parede que não chegaram a lugar algum são exemplos de quem não persistiu. Gênios malsucedidos são quase um mito; na realidade, eles não existem! O que existe são gênios que desistiram ao longo do caminho.

Napoleon Hill dizia que nunca conheceu um fracassado, apenas desistentes. Por isso, essas duas características juntas, a persistência e a determinação, por si sós, são capazes de levá-lo ao êxito.

Se você dedicar cada hora do seu dia ao seu trabalho e ao seu objetivo, e acreditar nisso com toda a sua alma, chegará um belo dia em que estará entre os bem-sucedidos da sua geração.

Lembre-se sempre: a maior distância a ser vencida está entre a cabeça, o coração e a ação. Encha-se de coragem e diga:

– EU POSSO!

A fórmula de Hill

Todo sucesso é resultado de um poder.

Todo poder é resultado de um esforço organizado.

Todo esforço organizado é resultado de um objetivo bem definido.

Todo objetivo bem definido é resultado de um sonho.

Agora, inverta essa fórmula.

Onde tudo começa?

No sonho! Relembre seu sonho, transforme o sonho em um objetivo bem definido e transforme o objetivo em um esforço organizado. Isso vai lhe dar o poder, e o resultado será o sucesso em sua vida.

Qual é o seu sonho?

1. Defina claramente seu propósito;
2. Construa uma aliança de MasterMind;
3. Desenvolva a liderança;
4. Tenha foco na coisa certa;
5. Tenha disciplina;
6. Trabalhe em equipe;
7. Faça mais do que o combinado;
8. Mantenha o equilíbrio;
9. Corra riscos planejados;
10. Seja um negociante de soluções;
11. Seja perseverante;
12. Desfrute a vida e o trabalho.

Quer fazer a Filosofia do Sucesso virar uma verdade em sua vida?

Tenha META e tenha MÉTODO.

A palavra META quer dizer alvo, e MÉTODO é o caminho para o alvo. Como mencionamos anteriormente, Hill afirmou que qualquer pessoa pode conseguir o que quiser na vida se tiver disciplina no pensamento, disciplina no comportamento e disciplina na execução. O poema *Filosofia do sucesso* já apresentou a você como ter disciplina no pensamento. Em seguida, vamos apresentar um método para implantar em sua vida as outras duas disciplinas. Ele foi desenhado para a aprendizagem como uma viagem, e não uma série de eventos desconectados. Esse conceito acelera a aprendizagem e a integra com resultados reais para o desempenho.

Os três fundamentos do desempenho

Fundamental é aquilo que é necessário para se chegar ao essencial. Os três fundamentos do desempenho são **o que, o como** e **o porquê**. O *que* é o mapa, o *como* são os passos de ação e o *porquê* é a sustentação, o "espírito da coisa". Quem sabe os "porquês" suporta todos os "comos".

A conversa de arquibancada não muda o resultado do jogo. O que altera o resultado é a ação. Sem uma preparação, a ação fica sem direção.

Os 12 passos para chegar aonde você quer chegar: o método dos 12 passos

Quando observamos uma pessoa bem-sucedida na vida e admiramos seu triunfo, mas deixamos de analisar os métodos que ela usou para triunfar, ignoramos o preço que ela pagou para chegar lá. Às vezes não olhamos os longos anos de preparo necessário para que somente mais tarde ela pudesse colher os frutos dos seus esforços. Mas essas pessoas usaram um método. A estrutura é a mensagem. Sem uma boa estrutura, a mensagem se perde. *Como* se faz é mais importante do que *o que* se faz.

Vamos apresentar agora um modelo altamente consagrado no mundo inteiro para alcançar o êxito. É o método dos 12 passos. É talvez o mais eficiente método já criado para a construção da alta performance humana. Ele tem sido usado por centenas de milhares de homens e mulheres ao redor do mundo para revolucionar as suas vidas. O número 12 é altamente simbólico. São 12 apóstolos, 12 horas do dia e 12 da noite, 12 meses, 12 signos, 12 candelabros do templo, os 12 territórios descritos na Bíblia como a melhor forma de organização social no início da civilização. Esse método, dos 12 passos, já reabilitou mais de oitenta milhões de pessoas em grupos de autoajuda como o AA (Alcoólicos Anônimos), o NA (Neuróticos Anônimos), o FA (Fumantes Anônimos), entre os mais de trinta grupos de autoajuda anônimos que existem.

Os passos a seguir foram inspirados na obra de Napoleon Hill.

Hill saiu da extrema pobreza e chegou a morar em uma casa de 8 milhões de dólares, na Flórida, no fim de sua vida, em 1970. São passos simples, porque todas as verdades são simples. Esses passos estão em nosso inconsciente, por isso, à medida que você for lendo, vai ter a sensação de janelas se abrindo em sua mente, ou, como citamos comumente, "vão caindo as fichas". Você perceberá os cliques, como luzes se acendendo internamente. Aquela impressão de que nem sabíamos que sabíamos. E quando do aplicado, será altamente transformador em sua performance. Vamos à caminhada?

O primeiro passo:
AONDE VOCÊ QUER CHEGAR?

Este é um hábito das pessoas bem-sucedidas: saber para onde estão indo. **Comece com um objetivo em mente.** Os fundadores dos Estados Unidos da América tinham por meta – ao longo do tempo concretizada – produzir uma nação diferente das demais, que tivesse a beleza de Atenas e a grandeza de Roma. Washington, a capital, foi concebida para ter a beleza de Atenas, e Nova York, para ter a grandeza de Roma. Benjamim Franklin assim se expressou: "Em cima desse território haverá liberdade e oportunidade". Sabiam o que queriam, como queriam e chegaram aonde chegaram, é o país mais forte do planeta! Portanto, se um dia você tiver que tomar a decisão de seguir alguém, decida-se por quem esteja indo para algum lugar. Jamais por alguém que seja confuso. Da mesma maneira, as pessoas, inconsciente ou conscientemente, só irão aderir ao seu projeto se você tiver claramente um objetivo. Quem tem perspectiva abre oportunidades.

Qual é o seu objetivo?

Se você não tiver para onde ir, não chegará a lugar nenhum. Definir claramente o que quer é o início de tudo. Depois vem a ação. O primeiro passo é o mais importante de todos, porque ele determina todos os outros passos a serem dados. Nas pirâmides do Egito e na Muralha da China, um dia foi colocada a primeira pedra. Pessoas obstinadas, que tinham um desejo ardente de construir algo grandioso, persistiram e escreveram seu nome na história. O ativador do desejo é o objetivo. Um objetivo bem definido gera intenção, e intenção gera desejo. Mas é nessa hora que tantas vezes tropeçamos numa pedra no caminho. Alguém dirá:

"Eu sei o que desejo, mas será que posso consegui-lo?", Deus é justo. Se permitiu que esse desejo nascesse em seu coração é porque as ferramentas para a realização estão dentro de você. Em outras palavras, **você não terá o desejo a menos que seja capaz de realizá-lo.** Cada um de nós tem um controlador embutido, e nossos desejos são modificados por nossas habilidades e inclinações. O que quer que seja que você deseje com todo o seu coração – **compreenda de uma vez por todas – pode e deve ser seu.**

Uma boa maneira de determinar se você tem ou não um desejo ardente é examinar a maneira como você o persegue. Se você persegue o que pensa que deseja timidamente – em uma tentativa de não se comprometer –, não tem um desejo ardente. Como já mencionado, você não pode dar o segundo passo se ficar com o pé no primeiro. Mas se está disposto a queimar as pontes atrás de si e dizer de uma vez por todas: **"É isso que eu vou fazer e nunca vou recuar. Eu nunca vou voltar atrás"**, você tem, então, a espécie de desejo que só pode terminar em sucesso. É preciso essa determinação para ser capaz de erguer-se após as quedas que você certamente sofrerá. **As únicas pessoas que não cometem erros são aquelas que nunca tentam nada.**

Esses princípios funcionam para qualquer coisa que você queira – uma vida doméstica mais harmoniosa ou uma carreira bem-sucedida. Para exemplificar, digamos que o seu desejo seja ter mais dinheiro para um melhor atendimento à sua família e preparar-se para um futuro melhor, para obter a sua quota de prosperidade que está à frente. Eis então seis etapas práticas para seguir:

1. Fixe em sua mente o montante exato de dinheiro que você deseja. Não é suficiente dizer: "Eu quero dinheiro em abundância". Seja explícito quanto à quantidade. Há uma razão psicológica para a precisão, que será descrita num princípio subsequente.

2. Determine exatamente o que você pretende dar em troca do dinheiro que você deseja. Não existe essa verdade de ganhar algo em troca de nada.

3. Defina uma data em que você pretende ter o dinheiro que deseja.

4. Crie um plano definitivo para a realização do seu desejo e comece de uma vez, quer você esteja pronto ou não, a colocar esse plano em ação.

5. Escreva uma declaração clara e concisa do montante de dinheiro que você pretende adquirir, especifique uma data-limite para sua aquisição, declare o que pretende dar em troca pelo dinheiro e descreva claramente o plano por meio do qual você pretende acumulá-lo.

6. Leia sua declaração escrita em voz alta, duas vezes ao dia, uma vez um pouco antes de se recolher à noite, e outra após levantar-se de manhã.

Enquanto você lê, imagine-se e acredite que já está de posse do dinheiro ou de qualquer que seja seu objetivo.

Por meio de algum princípio desconhecido e poderoso da química mental, que nunca foi divulgado, a natureza se envolve no impulso do forte DESEJO, aquele algo que não reconhece a palavra impossível e que não aceita como realidade o fracasso.

Por que fixar o valor em dinheiro?

O dinheiro é um facilitador de acessos. Antes do dinheiro, o acesso era por meio do nascimento. Se você fosse bem nascido, em família nobre, tinha acesso a tudo. Caso contrário, a vida era de privações terríveis, de miséria e tristeza. Hoje o dinheiro nos dá acesso aos mais variados bens. Para ser bem-sucedido, aprenda a gostar de dinheiro. Quando fui Secretário de Governo de Ribeirão Preto, uma das vinte cidades mais ricas do Brasil, com quase um milhão de habitantes, fizemos um programa de integração com alunos de escolas públicas da periferia, para conhecerem o centro histórico da cidade. O que mais nos surpreendeu foi o número substancial de adolescentes que nunca tinham ido ao centro da cidade e o número exorbitante de adultos que não conheciam o Teatro Pedro II, o segundo maior teatro de ópera do Brasil. Por que não conheciam? Porque o dinheiro que tinham era tão pouco que servia apenas para a subsistência. Ou seja, não tinham acesso nem à própria cidade, quanto mais a outras cidades, ao litoral brasileiro, a outros estados ou outros países. E muito menos a bonança alimentar, a moradia e outras coisas boas que o dinheiro proporciona.

Lidar com dinheiro

É preciso saber lidar com dinheiro. Pessoas que não sabem lidar com dinheiro são muito frágeis para sustentar mais do que já possuem. Independentemente do seu objetivo, você vai precisar de dinheiro para concretizá-lo, pois ele é um facilitador da vida, é um meio, e não um fim. Não se trata de ganância, avareza, mesquinhez, trata-se de liberdade, independência, tranquilidade. Você pode usar o dinheiro tanto para o seu conforto quanto para ajudar o próximo. Embora o dinheiro compre o que os cinco sentidos podem sentir, e também possa comprar coisas intangíveis, não compra o que atende à alma.

O que o dinheiro pode comprar? O que há de mais valioso na vida? A resposta é o tempo. Se a pessoa tem saúde e não tem tempo, a vida fica sem sentido. Ter dinheiro permitirá que você se ocupe com o que realmente importa: a família, a saúde, religião, ajudar o próximo. Permite que você invista em sua formação, concentre-se no seu foco. Lembre-se: a prosperidade se aproxima quando existe um propósito maior por trás de suas ações, como crescimento pessoal, contribuição para a sociedade, um legado para gerações futuras.

O segundo passo: a FÉ!

Você nunca teria pensado no seu desejo principal a menos que a sua fé estivesse palpitando em sua mente. Se você às vezes acha difícil ter fé em si mesmo, veja o que Hill escreveu: "A fé é a maravilha da certeza, o estado de autossugestão consciente. A autossugestão consciente significa simplesmente uma sugestão de você para você mesmo, assim como uma autobiografia é uma biografia escrita pela própria pessoa. Pela projeção de sua própria imagem mental já tendo realizado seu desejo principal, você vai reunir a fé de que precisa. **A fé produz o pensamento positivo**".

A força do pensamento positivo

Há tantos livros e exemplos sobre o poder do pensamento positivo que parece desnecessário mencionar isso. Mas ainda vejo exemplos todo dia do poder que o pensamento negativo exerce nas pessoas, por isso, ou as pessoas não entenderam a mensagem, ou simplesmente não prestaram atenção.

O pensamento tem poder infinito. Ele mexe com o destino, acompanha a sua vontade. Ao esperar o melhor, você cria uma expectativa positiva que detona o processo de vitória. Você é quem escreve a história de sua vida – ao optar pelas atitudes construtivas, você cresce como ser humano. Positivo atrai positivo. Alegria chama alegria. Ao exalar esse estado otimista, nossa consciência desperta energias vitais que vão trabalhar na direção de suas metas.

Eu sou um pensador positivo pragmático. Então, quando ouço uma pessoa dizendo que qualquer coisa que você queira fazer é possível, isso me parece infantil, ou no mínimo uma desinformação. Algumas coisas não acontecerão. Por exemplo, se eu de repente decidisse que quero ganhar amanhã uma medalha de ouro nos Jogos Olímpicos como nadador, e tivesse certeza de que poderia, porque estou tão positivo sobre isso, bem, acho que eu teria que fazer algum exame mental. Isso não vai acontecer. Mas é claro que o pensamento vai alterar positivamente o resultado se eu persistir. Nada supera a persistência. Porém, a expectativa produz fatos. E o pensamento é o produtor de expectativas. Mas expectativa sem preparação é imaturidade. Sem o pensamento positivo, a fé inexiste. Mas além do pensamento positivo, existe a ação.

Só porque você ouviu falar de alguém não significa que essa pessoa já não trabalhava há vinte ou trinta anos ou mais. Trabalhar sem o pensamento positivo não ajuda, pode ser improdutivo; você vai trabalhar e pode ficar no mesmo lugar.

A fé é a maravilha da certeza

Como se faz para colocar isso em prática?

Concentrando-se em seu desejo ardente até que sua mente subconsciente aceite isso como fato, então sua mente vai começar a achar maneiras de realizá-lo. Aqui é quando aparecem lampejos repentinos de inspiração orientadora.

Vá para um lugar tranquilo, talvez na cama, à noite. Feche os olhos e repita em voz baixa a declaração escrita da quantidade de dinheiro que você pretende acumular, ou reafirmação do que quer que seja seu objetivo, o tempo-limite para sua acumulação e uma descrição do serviço ou mercadoria que você pretende dar em troca. Quando colocar em prática essas instruções, imagine-se já de posse do seu objetivo. Por exemplo, vamos supor que você pretende acumular 200 mil reais por volta de 1º de janeiro de determinado ano. E em troca desse dinheiro, você vai prestar o mais eficiente serviço que for capaz, retribuindo com a maior quantidade possível e a melhor qualidade possível.

Coloque uma cópia da sua declaração em um lugar onde possa vê-la dia e noite e leia-a antes de dormir e ao se levantar, até que seja memorizada. Ao executar essas instruções, você está aplicando o princípio da autossugestão.

O terceiro passo:
o CONHECIMENTO ESPECIALIZADO!

Quem tem conhecimento tem vantagem competitiva e estratégica. Conhecimento é poder apenas quando é organizado em um plano definido de ação e direcionado a uma finalidade definida. Antes que você esteja seguro da sua habilidade para transformar um desejo no seu equivalente monetário, precisará de conhecimento especializado do serviço, mercadoria ou profissão que pretende oferecer em retorno pela fortuna. Talvez seja necessário muito mais conhecimento especializado do que você tenha a habilidade ou a inclinação para adquirir, e, se isso for verdade, reserve um tempo definido todo dia para aprender mais sobre a sua profissão. Faça os cursos oferecidos sobre o seu assunto e se associe com homens que conheçam bem o seu negócio. Quem anda sozinho fica raquítico, quem tem concorrente fraco fica fraco, quem tem concorrente forte fica forte. Mire nos fortes e se aproxime deles. Conheça quarenta vezes mais o seu negócio do que os seus concorrentes.

O quarto passo: a IMAGINAÇÃO!

A imaginação é literalmente a oficina em que são formados todos os planos criados pelo homem. O impulso e o desejo dão o contorno, a forma e a ação por meio da ajuda da faculdade imaginativa da mente. Tem sido dito que o homem pode criar qualquer coisa que ele possa imaginar. Como Napoleon Hill disse e ensinou: "Tudo o que a mente do homem pode pensar e acreditar, ele pode alcançar". A única limitação do ser humano encontra-se no desenvolvimento e uso da sua imaginação e subsequente motivação para agir.

Quando você for para o trabalho, pense constantemente nas maneiras como ele pode ser feito melhor, mais eficientemente. Pense nas mudanças que são inevitáveis. Elas podem ser feitas agora? Se você se sente limitado, lembre-se das palavras do grande arquiteto Frank Lloyd Wright: "A raça humana construiu as coisas mais nobres quando as limitações eram maiores e, portanto, quando mais foi requerida a imaginação para construir. As limitações parecem ter sido sempre as melhores amigas da arquitetura".

Quando você construir o seu futuro a partir desse ponto, não se preocupe com as limitações. Diante das dificuldades, use a imaginação como um telescópio para ver além das limitações.

Como desenvolver a imaginação?

Se você puder gerar no presente o mesmo tipo de emoção que terá quando tiver um desejo cumprido, então será capaz de se alinhar vibratoriamente com a realidade do desejo satisfeito e, assim, tornar-se um ímã para ele.

Por favor, releia esse parágrafo. Basicamente, significa que ao apenas e simplesmente vivenciar a emoção de ter seu desejo realizado você irá desenhar a realidade desse sentimento para si mesmo por meio da Lei da Atração.

Embora a visualização seja normalmente associada a fechar os olhos e usar a imaginação, a escrita é também altamente eficaz na geração de imagens e sentimentos que podem alterar poderosamente a sua vibração.

Esses exercícios de escrita são projetados para ajudar a criar o seu caminho e estruturar o seu desejo, e enquanto os passos possam ser considerados muitos simples, há muita coisa acontecendo em cada um deles.

Use estas páginas como um guia. Este é um exercício que você pode fazer em um computador ou no papel, ou onde for mais conveniente para você.

Chegamos a um ponto crucial em sua experiência com este livro. Estou pedindo para você agir na forma da escrita. Porém, se você for como muitos outros, irá querer simplesmente "pensar" nas respostas deste exercício em sua cabeça; por isso, antes de fazê-lo, por favor, considere o seguinte:

É tão difícil assim arrumar um lápis e uma folha de papel e escrever uma lista de coisas que você realmente deseja? Você não pensaria assim, mas é incrível o que um pouco de resistência pode fazer para deixar tudo mais difícil. Também as pessoas ainda parecem acreditar que a leitura de um livro é a mesma coisa que tomar medidas sobre tudo aquilo que leram.

Esse processo pode ser uma grande dose de divertimento assim que você começar a percorrê-lo! E começar parece ser a parte mais difícil de todas. Talvez você deseje tanto que o pensamento de escrever tudo seja algo opressivo demais! Então você deixa as coisas na cabeça, achando que é a mesma coisa e vai dar certo do mesmo jeito. Para a maioria das pessoas, não é assim, e por várias razões:

1. O ato de escrever transforma o seu desejo; ele deixa de ser um pensamento simplesmente intangível e vem para o mundo físico na forma de palavras (no papel ou na tela de um computador) que você pode realmente ler.

2. Escrever ajuda você a ganhar clareza e refinar ainda mais o seu desejo em algo que você absolutamente sabe que quer.

3. Escrever também permite que seu desejo se coloque como "autossuficiente", sem estar cercado pela confusão que normalmente existe em nossos pensamentos sobre o que queremos.

Seja objetivo: por exemplo, em vez de escrever "Eu quero um carro novo", declare "Eu tenho um carro novo".

Mas para ser realmente eficaz, você precisa ir mais longe. Precisa expressar a emoção em suas palavras, porque, ao fazê-lo, irá invocar a emoção desejada dentro de si mesmo, transferindo assim a sua vibração para você que *já tem* o carro, e não para aquele você que *deseja ter* um carro.

"Fico extasiado toda vez que entro no meu carro dos sonhos e ligo a ignição."

"Adoro o cheiro do couro macio e limpo que enche meus sentidos enquanto dirijo."

Você vê como essa forma de redigir evoca muito mais uma resposta emocional do que um simples *"Eu quero um carro novo"*? Então, quanto mais detalhado for aquilo que escrever, mais provável será que isso entre no exato estado vibracional que deseja a fim de atrair o que você está escrevendo.

Mas, e se toda vez que escrever uma declaração dessas você sentir que está mentindo para si mesmo? E se você se vir confrontado com o "fato" de que as declarações que está escrevendo não são verdadeiras? Você pode sentir uma onda de emoção muito negativa, e isso certamente é algo que você não quer suportar, não é?

A emoção negativa é uma indicação de resistência; é um sinal revelador de que o seu sistema de crença atual não está em harmonia com o que você está escrevendo. Não fuja desses sentimentos, aceite-os e encare-os de frente. Eles mostrarão claramente os desafios que você terá de enfrentar. Aliás, se você não tiver nenhum obstáculo entre você e a sua visão, ela não é uma visão transformadora, ela é uma atividade normal da vida. E você é um candidato ao topo, então, pense grande.

Vamos começar?

1. Descreva um dia de sua vida ideal. Inclua seu estado geral emocional, e seja o mais descritivo possível. Comece a partir do momento em que você acorda de manhã até a hora em que vai para a cama, à noite. Inclua, verdadeiramente, todos os detalhes daquilo que você está fazendo, e não apenas generalizações vagas a partir das quais não conseguirá criar imagens.

2. Explique por que o dia que descreveu faz parte de sua vida "ideal". Como você expressa quem realmente é por meio do que foi descrito?

3. Explique por que você não pode parar até que tenha compreendido a sua visão. Sua visão deve ser altamente atraente, e deve calar em você até seu âmago. Aborde esta questão como se alguém lhe tivesse dito para parar de andar nesse caminho por algum motivo, e você está respondendo aqui a respeito de por que isso simplesmente não é uma opção.

O quinto passo:
o PLANEJAMENTO ORGANIZADO!

Organize o plano para sua realização no tempo certo. Quando, onde, quem e como são perguntas que devem ser respondidas de forma clara. Você entendeu que tudo o que o homem cria ou adquire começa na forma de um desejo, e o desejo é formulado na primeira etapa da sua jornada, do abstrato ao concreto, na oficina da imaginação onde os planos para a sua transição são criados e organizados.

Anteriormente, você foi instruído para seguir seis etapas definidas e práticas como seu primeiro movimento para transformar o desejo em qualquer coisa que queira no seu equivalente físico. Uma dessas etapas é a formulação de um plano.

1. Alie-se com uma ou mais pessoas, um grupo de tantas pessoas quantas forem necessárias para a criação e realização do seu plano para juntar o dinheiro que você estabeleceu no seu objetivo.

2. Antes de formar sua aliança de MasterMind, decida quais vantagens e benefícios você pode oferecer aos membros individuais do seu grupo como retorno pela cooperação deles. Ninguém vai trabalhar indefinidamente, sem qualquer forma de compensação, embora isso não seja sempre na forma de dinheiro.

3. Organize um encontro com os membros do seu grupo de MasterMind pelo menos uma vez por semana, ou com mais frequência, se possível, até que vocês tenham aperfeiçoado em conjunto o plano necessário para a realização do seu objetivo.

4. Mantenha uma perfeita harmonia entre você e qualquer membro do seu grupo de MasterMind. Mantenha estes fatos em mente:

Primeiro, você está envolvido em um empreendimento da maior importância para você. Tenha certeza de que o plano que elaborou para o seu triunfo esteja perfeitamente afinado. Você é o presidente de uma empresa muito importante chamada "sua vida".

Segundo, você tem que ter a vantagem da experiência, educação, habilidade e imaginação de outras mentes. Isso está em harmonia com os métodos seguidos por todas as pessoas que subiram acima da média.

Trabalhe nisso até que tenha um plano formal bem executado para alcançar seu objetivo. Dessa maneira, você nunca vai se confundir, ou ficar perguntando o que tem de fazer em seguida. Toda manhã, você sabe exatamente o que vai fazer e por quê. **Propósito e intenção**, lembre-se sempre disso.

As doze qualidades das pessoas motivadas para serem campeãs são estas:

1. Inabalável coragem.
2. Autocontrole.
3. Aguçado senso de justiça.
4. Clareza de decisão.
5. Clareza de planos.
6. Hábito de fazer mais do que aquilo para o qual é pago.
7. Personalidade atrativa.
8. Simpatia e compreensão.

9. Domínio dos detalhes.

10. Vontade de assumir plena responsabilidade.

11. Cooperação.

12. Atitude mental positiva.

Desnecessário dizer que uma pessoa sem um plano a seguir é como um navio sem rumo, à deriva, com probabilidade de desastre. **Invista tempo no seu planejamento.** Estabeleça o que você quer, pense no que você tem para atingir o que quer, seus objetivos de longo, médio e curto prazo, e quando, onde, com quem e como vai atingir seu projeto, e então monitore suas metas.

O sexto passo: a DECISÃO!

A análise apurada que Napoleon Hill fez de mais de 25 mil homens e mulheres que experimentaram a derrota revelou que a falta de decisão estava próxima do topo da lista das trinta maiores causas de fracasso. Essa não é meramente uma declaração teórica, é um fato: toda pessoa bem-sucedida é definida pela capacidade de decidir.

Procrastinação é o oposto da decisão, é uma inimiga comum que todo homem tem de vencer.

Quando você se decidir, permaneça assim. A maioria das pessoas que não conseguem chegar ao topo é geralmente influenciada facilmente pelas opiniões dos outros, ou seja, facilmente controlável. Essas pessoas permitem que os jornais e os vizinhos fofoqueiros pensem por elas.

Palpite é a mercadoria mais barata do mundo.

Quando começar a pôr em prática os princípios aqui descritos, siga o seu coração. Tome suas próprias decisões e siga-as. Confie somente nos membros do seu grupo de aliança de MasterMind, por isso, tome muito cuidado ao selecionar esse grupo; escolha somente aqueles que estarão em completa harmonia com o seu objetivo.

Amigos próximos e familiares, embora possam não ter essa intenção, às vezes dificultam com opiniões levianas. Milhares de homens e mulheres carregam complexos de inferioridade por toda a vida porque algumas pessoas próximas bem intencionadas, mas ignorantes, destruíram sua confiança por meio de opiniões ou da ridicularização. Se uma decisão tem valor, vale a pena apegar-se a ela até que esteja completamente trabalhada.

Veja os passos para desenvolver a habilidade de tomar decisões:

1. Fortaleça a sua personalidade e a sua coragem moral.
2. Aprenda a resolver problemas.
3. Tenha critérios de decisão, defina quando decidir por princípios ou por resultados.
4. Defina a decisão em uma planilha: quando, onde, com quem e como.
5. Desenvolva a habilidade de falar com firmeza e convicção, tanto em uma conversa habitual como em reuniões, publicamente.
6. Lembre-se sempre de que a nossa limitação, dentro do razoável, é a que estabelecemos em nossa própria mente.
7. Desenvolva um olhar firme, desses que constroem um magnetismo pessoal.
8. Aceite os erros que acontecerem após algumas decisões que não atenderam suas expectativas. Lembre-se: o erro é a matéria-prima da experiência, e a experiência é a matéria-prima da sabedoria.

O sétimo passo: a PERSISTÊNCIA!

Nada supera a persistência. Nem o talento. Como já mencionado, o mundo está cheio de pessoas talentosas fracassadas. Nem a educação formal supera a persistência. Existem muitos exemplos de pessoas com diplomas na parede que não deram em nada, porque não persistiram. Não existem gênios malsucedidos, mas sim gênios que desistiram. Napoleon Hill dizia que nunca conheceu um fracassado, apenas desistentes. Por isso, lembre-se: a persistência e a determinação, juntas, produzem o êxito. Se você estiver em dúvida quanto à diferença entre persistência e teimosia, saiba que a diferença é a seguinte: os persistentes têm uma meta na mente bem definida, enquanto os teimosos não têm direção. A persistência é um estado de espírito que pode ser cultivado.

Persistência, para um indivíduo, é o que o carbono é para o aço. Em incontáveis casos, a persistência permanece como a diferença entre sucesso e fracasso. A falta dessa qualidade, mais do que qualquer outra, impede a maioria das grandes realizações. A experiência com milhares de pessoas provou que a falta de persistência é uma fraqueza comum à maioria. Mas é uma fraqueza que pode ser superada pelo esforço. Se pretende realizar o desejo que estabeleceu para si mesmo, você precisa formar o hábito da persistência. As coisas vão ficar difíceis, e vai parecer que não há mais razão para continuar. Tudo em você lhe dirá para desistir, para parar de tentar. É exatamente aqui que, se você andar uma "milha a mais" e continuar, o céu vai clarear e você poderá ver os primeiros sinais da abundância destinada a ser sua porque você teve a coragem de persistir. Você já nasceu campeão, agora só precisa manter o título. Força de vontade e desejo, quando combinadas apropriadamente, formam uma dupla imbatível.

Por isso tenha sempre:

1. Objetivos bem definidos.
2. Desejo.
3. Autoconfiança.
4. Planejamento.
5. Conhecimento para saber se o seu plano é sólido.
6. Cooperação.
7. Solidariedade.
8. Compreensão.
9. Harmonia com a equipe.
10. Força de vontade.
11. Persistência.
12. O hábito de bons costumes.

O oitavo passo: o PODER DAS MENTES ALIADAS

Se acredito no meu objetivo, dou 100% de mim para o meu objetivo. Se consigo fazer com que a minha equipe acredite no meu objetivo, eles darão 100% deles para o meu objetivo. As pessoas gostam de seguir alguém que está indo para um lugar definido. Isso forma a fusão de mentes, ou aliança de mentes, ou uma mente comum. **O conceito de MasterMind é poderoso.** É muito importante formar um grupo de pessoas simpáticas ao seu desejo. Elas podem ser pessoas com planos semelhantes. Um grupo de MasterMind pode ser formado por duas ou mais pessoas. Não há duas mentes que se unam sem que surja uma terceira força invisível, intangível, que pode ser comparada a uma terceira mente. Essa mente é chamada de MasterMind. Bem mais tarde do que Hill, Carl Jung chamou isso de Inconsciente Coletivo. Você já deve ter notado que, muitas vezes, ao debater alguma coisa com uma outra pessoa, surgem de repente boas ideias como resultado – ideias que você não teria sem essa associação. A mesma coisa acontece com a outra pessoa. Uma porção de boas ideias nasce em mentes individuais como resultado de uma reunião. Mas a associação com seu grupo de MasterMind não significa deixar os outros pensarem por você. Significa estimular o próprio pensamento por meio da associação com outras mentes. Ninguém sabe tudo. Quanto mais mentes solidárias você reunir – e por solidárias queremos dizer trabalhando por um objetivo comum –, mais informações relacionadas vão estar disponíveis. Grandes ideias são uma combinação de informações relacionadas.

Então escolha o membro, ou membros, do seu grupo de MasterMind com critério. Esteja certo de que são pessoas que você respeita e que são trabalhadoras e conscienciosas. Com elas você se divertirá muito e alcançará seus objetivos muito mais cedo.

O nono passo: PARCERIA INTRAMUROS

Qualidade total começa dentro de casa. Excelência nos negócios começa no círculo íntimo do lar. Napoleon Hill descreve a importância da esposa ou do marido na realização de um grande objetivo. Parece bastante significativo para Hill que praticamente todo grande líder tem suas realizações largamente inspiradas por uma mulher. E no caso das mulheres, é o companheiro quem as inspira. Quando as coisas ficam difíceis – e saiba que elas ficam –, você pode ser abandonado por aqueles que considerava como amigos.

Mas se você tem um bom cônjuge, nunca vai estar sozinho. Seu par estará disposto a começar de novo se necessário, e vai lhe dar novo entusiasmo que vem da sua fé em você. Disse certa vez uma mulher apaixonada: "Eu me sinto invencível ao lado dele". Nós nos tornamos fortes com alguém ao nosso lado. Ter alguém para amar é ter alguém para compartilhar os sucessos e realizações; para fazer o elogio de que todos nós necessitamos de tempos em tempos. Um homem pode se tornar bem-sucedido sem uma esposa ou família, mas **toda alegria verdadeira vem da família. Cuide de sua família como seu bem mais valioso. Família é patrimônio eterno.** Quem constrói uma casa é um artista, quem faz uma demolição é apenas um operário. Se tudo estiver ruim no relacionamento familiar, quero que você se lembre do conceito máximo de família. **Família é ter um local para onde voltar.**

O décimo passo: a MENTE SUBCONSCIENTE!

Ninguém sabe muito sobre o que chamamos de mente subconsciente ou inconsciente. Sabemos que ela é **incalculavelmente poderosa,** e pode resolver nossos problemas se a usarmos da maneira correta. A melhor maneira é manter em sua mente subconsciente, tão frequentemente quanto possível, uma imagem clara de você mesmo já tendo alcançado o seu objetivo. Você sabe o que quer. Defina isso claramente. Então projete-o na tela de cinema da sua mente. Mantenha-o. Visualize-se fazendo as coisas, e tendo as coisas que você terá quando seu objetivo for alcançado. Faça isso tantas vezes quanto possível quando for para o trabalho diariamente e principalmente à noite, pouco antes de dormir, e de novo logo ao se levantar. À medida que você faz isso, sua mente subconsciente vai começar a guiá-lo de maneira mais lógica em direção ao seu objetivo. Não lute contra isso. Siga os seus palpites, sabendo que é o seu subconsciente tentando chegar até sua mente consciente. Se fizer isso, vai se surpreender e se encantar com ideias maravilhosas que parecerão vir do nada.

A mente subconsciente consiste de um campo de consciência no qual todo impulso do pensamento que alcança a mente objetiva, por meio de qualquer dos cinco sentidos, é classificado e registrado. Os pensamentos podem ser recolhidos ou retirados dela, como pastas podem ser retiradas de um arquivo.

Ela recebe e arquiva impressões dos sentidos ou pensamentos, independentemente da sua natureza. Você pode voluntariamente plantar na sua mente consciente qualquer plano, pensamento ou objetivo que desejar transformar no seu equivalente físico. O subconsciente age primeiro dominando os desejos que foram misturados com sentimentos emocionais, tais como a fé.

Sua mente subconsciente trabalha noite e dia. Por meio de um método ou procedimento ainda desconhecido do homem, a mente subconsciente se baseia nas forças da Inteligência Infinita para manifestar o poder com o qual voluntariamente transforma os desejos de alguém em seu equivalente físico, fazendo uso sempre do meio mais prático pelo qual sua finalidade pode ser alcançada. Você não pode controlar inteiramente sua mente subconsciente, mas pode voluntariamente entregar a ela qualquer plano, desejo ou objetivo que queira transformar na sua forma concreta.

As vidas de grandes homens e mulheres, que parecem milagrosas para a pessoa mediana, não são nada mais do que o cumprimento dos seus desejos ardentes, por meio da força da mente subconsciente.

O tempo não significa nada para o seu subconsciente. Um homem pode trabalhar firmemente por quarenta anos e não realizar tanto quanto realizaria em três ou quatro anos por meio do funcionamento adequado desse princípio.

Se você falhar em implantar os desejos na sua mente subconsciente, ela vai alimentar-se dos pensamentos que chegam a ela, como resultado da sua negligência. Quando você conseguir isso, terá a chave que abre a porta para a sua mente subconsciente.

A pessoa que consegue mais sucesso que outras é aquela que, muito cedo na vida, distingue claramente seu objetivo e, em direção a esse objetivo, dirige habitualmente suas forças.

Saiba o que você quer. Decida de uma vez por todas, e o que você quer será seu. Permaneça firme em seu curso, impulsionado pela fé. Sua mente subconsciente fará o resto.

O décimo primeiro passo: o CÉREBRO

Nada é mais lamentável do que o mau entendimento das pessoas medianas sobre a força do seu cérebro e a mente à qual ele está conectado, o consciente e o subconsciente.

Você tem, no seu cérebro, a mais maravilhosa, miraculosa e poderosa força que o mundo já conheceu. Tome por exemplo o fato de que o cérebro tem 86 bilhões de células interligadas. É inconcebível que tal rede de complicada maquinaria pudesse existir com o único propósito de exercer as funções físicas eventuais para o crescimento e a manutenção do corpo humano.

Esse é o mecanismo que nos deu os aviões supersônicos, sondas espaciais, as ciências e as artes. Tudo o que conhecemos e usamos hoje em dia, e usaremos amanhã, nasceu dessa pequena massa cinzenta que cada um de nós carrega.

Você duvida, mesmo por um instante, que seu cérebro possa trazer a você e aos seus tudo o que você quer na Terra? É claro que pode, se você reconhecer seu poder como indivíduo e parar de agir como aqueles que nunca pensaram sobre isso. Dê-lhe o trabalho que você decidiu realizar e observe-o funcionar.

Treine o seu cérebro. Estimule a sua memória para que ela se mantenha ativa.

O décimo segundo passo:
o SEXTO SENTIDO!

O sexto sentido pode ser descrito como o sentido pelo qual a Inteligência Infinita pode, e ela o fará, comunicar-se voluntariamente sem qualquer esforço ou demanda do indivíduo. Esse princípio é o ápice da filosofia. Pode ser assimilado, entendido e aplicado somente após terem sido dominados os outros onze passos. É também chamado de visão 360 graus. Enxergar com mais de dois olhos. Enxergar o invisível.

O sexto sentido é aquela parte da mente subconsciente que pode ser classificada como Imaginação Criativa. Ela também pode ser classificada como o conjunto receptor através do qual as ideias, planos e pensamentos irrompem na mente. Os lampejos são muitas vezes chamados intuições ou inspirações. O sexto sentido desafia a descrição. Não pode ser descrito para alguém que não domina os outros princípios desta filosofia, porque tal pessoa não tem o conhecimento ou a experiência com os quais o sexto sentido pode ser comparado.

O sexto sentido não é algo que alguém pode retirar ou colocar à vontade. A habilidade para usar essa grande força vem lentamente pela aplicação dos outros passos mencionados. Muitos indivíduos conseguem um conhecimento funcional do sexto sentido mesmo antes dos trinta anos de idade, mas frequentemente o conhecimento não está disponível até que alguém tenha passado dos trinta anos – há indícios de que 33 anos é uma idade muito propícia para um despertar para as forças superiores –, isso porque as forças espirituais com as quais o sexto sentido está intimamente relacionado não amadurecem e se tornam utilizáveis, em geral, exceto por anos de autoexame e reflexão séria. Mas comece a desenvolvê-lo agora, aplicando os princípios de que falamos aqui.

Lembre-se disto: o homem não pode criar nada que ele não tenha concebido na forma de um impulso de pensamento. Os impulsos do pensamento do homem começam imediatamente a se transformar no seu equivalente físico, quer esses pensamentos sejam voluntários ou involuntários.

Deixe o medo fora da sua mente, concentrando-se na imagem mental do seu objetivo – o seu maior desejo.

Comece a partir de hoje a prestar atenção nos detalhes, sinais e coincidências, que é a maneira silenciosa como o sexto sentido se manifesta.

Projete seu caminho sobre o sonho no seu coração. Estes doze passos nunca vão desapontá-lo, se você os colocar em prática.

Por que ser bem-sucedido?

O que significa o sucesso? Significa acesso aos seus sonhos. Você já experimentou a vitória? É uma sensação incrível. É uma sensação de autorrealização. Sucesso significa ser feliz, ter contentamento e ter acesso às várias áreas-chave de resultados de sua vida.

Faça uma lista das coisas às quais você quer ter acesso na vida.

Em 1990, aos 26 anos, li um livro chamado *Virando a própria mesa*, do empresário brasileiro Ricardo Semler. Com ele me inspirei e fiz uma lista de cem coisas para realizar antes de morrer. Entre elas, conhecer os cinco continentes, ser paraquedista, ser mergulhador, conhecer as 27 capitais brasileiras, andar de camelo e ser um grande contribuidor para missionários cristãos. Sou paraquedista, mergulhador, conheço mais de duas dezenas de países e continuo dando ok na minha longa lista.

Tive o cuidado de colocar, em centésimo lugar, "fazer uma lista de mais cem coisas". Isso me permitiu saber a que eu queria ter acesso. Isso dá um significado à vida, um direcionamento, e aumenta o desempenho. Quem sabe para onde vai, vai com mais firmeza, pois mais importante que a rapidez é a direção.

Eu garanto a você, pois, como disse William James, o pai da psicologia moderna, "um ser humano pode mudar sua vida mudando sua atitude mental".

Seguindo estes passos e mantendo-se ocupado a cada hora do seu dia, em equilíbrio com o lazer, desfrutando da vida e do trabalho, você poderá deixar o resultado final para si mesmo. Pode também, com segurança total, contar que acordará uma bela manhã de sua vida e se encontrará entre os bem-sucedidos e competentes de sua geração, seja qual for a sua ocupação.

Para terminar

E agora, permita que eu atravesse todo o espaço e o tempo que nos separa e lhe ofereça um aperto de mão amigo e uma oração sincera para que você seja abençoado com uma vida mais plena e mais rica por causa da mensagem que consta neste livro, como uma educação informal para a vida e os negócios.

Sua grande oportunidade pode estar exatamente onde você está agora. Siga estas instruções com fé e elas se revelarão a você. "Procure oportunidades próximas a você; reconheça-as e abrace--as exatamente onde você está."

Espero que um dia, ao olhar para trás, você veja este momento, em que parou para ler este livro, como um marco em sua vida, e então, agradeça a DEUS por ter investido tempo em você.

DEUS o ilumine pela vida afora, é o desejo de seus amigos Jamil Albuquerque e Napoleon Hill.

Até a vitória, sempre!

THE NAPOLEON HILL FOUNDATION
What the mind can conceive and believe, the mind can achieve

O Grupo MasterMind – Treinamentos de Alta Performance é a única empresa autorizada pela Fundação Napoleon Hill a usar sua metodologia em cursos, palestras, seminários e treinamentos no Brasil e demais países de língua portuguesa.

Mais informações:
www.mastermind.com.br

Livros para mudar o mundo. O seu mundo.

Para conhecer os nossos próximos lançamentos
e títulos disponíveis, acesse:

🌐 **www.citadel.com.br**

ⓕ **/citadeleditora**

📷 **@citadeleditora**

🐦 **@citadeleditora**

▶ Citadel – Grupo Editorial

Para mais informações ou dúvidas sobre a obra,
entre em contato conosco por e-mail:

✉ contato@**citadel**.com.br